Manual das Eleições Municipais

Manual das Eleições Municipais

Marcelo Gerard

Manual das Eleições Municipais

Aracaju
2020

MANUAL DAS ELEIÇÕES MUNICIPAIS
MARCELO GERARD
2020

Capa: Luigi Abdias
Diagramação: Jéssica Alves
Revisão: Larissa Lima

ISBN 978-65-00-02891-1
Dados Internacionais de Catalogação na Publicação (CIP)

G356m Gerard, Marcelo
Manual das Eleições Municipais / Marcelo Gerard Almeida de Andrade – Aracaju: Edição do Autor, 2020.
191 p.

Inclui bibliografia
ISBN 978-65-00-02891-1 (versão impressa)
ISBN 978-65-00-02928-4 (versão digital)

1. Direito Eleitoral - Brasil. 2. Eleições Municipais. 3. Campanha Eleitoral. 4. Propaganda Eleitoral. 5. Filiações Partidárias. I Título.

CDU 342.8

Cristiana Lima Correia CRB 51875

> Oração e trabalho são os recursos mais poderosos na criação moral do homem.
>
> Ruy Barbosa

SUMÁRIO

Apresentação

Marcelo Gerard é administrador e jurista por formação, servidor público por vocação e apaixonado pelo processo eleitoral. No Tribunal Regional Eleitoral de Sergipe, desempenha importantes atribuições, destacadamente aquelas relacionadas ao planejamento dos pleitos eleitorais. Com participação frequente e ativa junto a Comissões e Unidades no Tribunal Superior Eleitoral, somam-se às suas competências e habilidades algumas experiências literárias de abrangência nacional.

Tais características se fazem expostas neste livro, o qual tenho a honra de apresentar ao grande público. Não por acaso, as páginas que se seguem revelam a preocupação do administrador e do jurista, do servidor público e do cidadão que acredita na importância de eleições bem disciplinadas e organizadas. Os temas aqui abordados, todos com objetividade e proficiência, são de interesse dos que realizam ou mesmo de quem acompanha as atividades da Justiça Eleitoral.

Com efeito, este Manual das Eleições Municipais surge em boa hora e se presta a muito bom termo. Através dele, juízes e promotores, analistas e técnicos, partidos, candidatos, jornalistas e os cidadãos encontrarão considerações e observações bastante úteis e plenamente confiáveis. Não é exagero afirmar que este Manual reúne as qualidades distintivas de um livro de cabeceira ou de um instrumento de trabalho, uma vez que, em linguagem direta e escorreita, enfrenta e relaciona as questões mais simples às mais complexas, cotejando normas e julgados, procedimentos eficientes e boas práticas, como um modelo de atuação fidedigno e seguro a ser seguido.

Cumpre enaltecer a iniciativa e o empenho do autor, uma vez que, a par de sua participação diária na elaboração e execução das tarefas várias, encontrou tempo e disposição para oferecer uma valorosa contribuição ao processo eleitoral brasileiro.

Faço votos de que este Manual das Eleições Municipais do competente colega Marcelo Gerard logre o merecido êxito entre as publicações congêneres.

Rubens Lisboa, Diretor-Geral do TRE-SE

Prefácio

A legislação eleitoral é bastante complexa, pois trata de tema cuja abordagem teórica se direciona à realização prática da democracia e depende de uma perfeita coerência interna em relação a suas normas, as quais englobam assuntos muito diversificados, tais como: os tipos permitidos e proibidos de propaganda eleitoral, a elegibilidade, a estrutura das prestações de contas, os modelos de lacres de urna eletrônica, o processo de votação, o funcionamento dos sistemas eleitorais, a auditoria e fiscalização de pleitos e sistemas, além de vários outros.

Entretanto, ao interpretar essas normas, deve-se ter em mente que elas se relacionam formando um sistema que tem o objetivo de permitir ao cidadão votar com tranquilidade, sigilo e segurança, e ter ao final o resultado legítimo da vontade popular.

Este Manual das Eleições Municipais elaborado pelo dedicado professor Marcelo Gerard, competente servidor da Justiça Eleitoral, tem, entre suas qualidades, a de fazer ver ao leitor que as etapas do processo eleitoral estão intrincadas umas nas outras e que a complexidade dos procedimentos que envolvem sua efetivação pode ser abordada de maneira objetiva e inteligível a todos os tipos de interessados.

A ordem com que foram estruturados os assuntos desta obra mostra que a intenção do autor foi a de adequar seu conteúdo ao desenrolar cronológico dos macroprocessos eleitorais, iniciando com o de alistamento eleitoral e o fechamento de cadastro, passando pelas questões de filiação partidária, inelegibilidade, escolha e registro de candidatos, arrecadação e gastos de recursos, propaganda eleitoral, até concluir com a votação e o resultado das eleições.

No entanto, não apenas a estrutura e a abordagem são qualidades a serem destacadas no Manual das Eleições Municipais, mas também seu conteúdo, selecionado minuciosamente para compor uma visão ampla das regras eleitorais, que traz o necessário a qualquer pessoa que se interessa ou queira participar das eleições com a certeza de que está munido de informações claras e precisas sobre como agir para obter o melhor em termos de resultado prático.

Como magistrado, posso testemunhar que Juízes Eleitorais passam por momentos de grandes desafios no comando das eleições em suas Zonas e que a publicação do Manual das Eleições Municipais facilitará bastante a obtenção de conhecimento para solução dos problemas que surgem no dia a dia das eleições e para o desenvolvimento das tarefas dos servidores cartorários.

Desembargador José dos Anjos, Presidente do TRE-SE

Introdução

Em todos os anos que antecedem anos de eleições ocorrem diversas alterações na legislação que se refletem nas disputas aos cargos municipais e que são o objeto principal da abordagem deste trabalho.

O leitor poderá realizar aqui uma atualização do seu conhecimento de forma precisa, clara e prática, seja qual for sua atuação nas Eleições 2020: candidatos, filiados a partidos, dirigentes de partidos, estudiosos, advogados, contadores, políticos, eleitores, magistrados, membros do Ministério Público ou servidores eleitorais.

Devido à grande abrangência de leitores a que se destina e ao volume de informações relacionadas a vários aspectos das eleições, o conteúdo do Manual das Eleições Municipais foi composto de forma objetiva, para possibilitar uma fácil apreensão, atendendo às necessidades de rigor técnico e jurídico.

Em alguns casos, foram realizadas comparações entre a regra anterior e a nova, visando a possibilitar uma visão evolutiva das normas aplicáveis, o que facilita o entendimento dos motivos das alterações e das intenções que o legislador teve ao optar por esse ou aquele caminho.

O Manual das Eleições Municipais não é trabalho volumoso, mas sim suficiente ao propósito de permitir que os interessados saibam quais as principais regras do jogo eleitoral que sofreram mudanças e que serão aplicadas nas Eleições 2020 bem com os procedimentos que devem ser cumpridos nas diversas fases do processo eleitoral, para que possam atuar na sua área com segurança.

Portanto, os temas tratados não se restringem às alterações ocorridas, mas abrangem todas as fases da disputa, proporcionando aos interessados uma visão geral e consistente do pleito e o conhecimento para agirem com segurança, principalmente os candidatos e os partidos, cumprindo a legislação e fiscalizando o seu cumprimento pelos demais concorrentes.

A ordenação dos assuntos está coerente com a sequência de etapas do processo eleitoral.

O Capítulo 1 é dedicado ao alistamento eleitoral e demais procedimentos relacionados, como transferência, revisão e regularização da situação cadastral do eleitor.

A filiação e fidelidade partidárias são discutidas nos capítulos seguintes, considerando que estar filiado é uma exigência para concorrer aos cargos eletivos no Brasil. Em sequência, são esclarecidas as situações relacionadas às condições de elegibilidade, inelegibilidades e desincompatibilizações.

No Capítulo 6, tratamos das convenções partidárias, nas quais são feitas as escolhas dos candidatos e decididas as questões de coligação para o cargo majoritário. Nesse aspecto, diversas alterações da legislação passarão a ter efeitos profundos na forma como concorrem os partidos entre si. Ainda no Capítulo 6, as chamadas "cotas de candidatura para as mulheres" são explicadas detalhadamente, porque os partidos devem dar o tratamento correto ao assunto, atendendo às exigências legais, para que não sofram sanções na Justiça Eleitoral.

Escolhidos os candidatos e decidida a coligação para o cargo majoritário, ocorre o registro de candidatura, tratado no Capítulo 7.

Apesar de já ser possível iniciar a arrecadação de recursos para financiamento de campanhas antes mesmo da escolha do candidato em convenção partidária, o financiamento de campanhas é tratado em capítulo posterior (Capítulo 8) ao das convenções, devido ao fato de que a utilização dos valores arrecadados ocorrerá nas campanhas após as convenções e o registro de candidatura.

Para utilizar os recursos disponíveis, candidatos e partidos devem conhecer as regras relacionadas a limites de gasto e quais tipos de gastos são permitidos e proibidos, pois o uso indevido dos recursos pode trazer consequências sérias aos candidatos. Portanto, os gastos de campanha são tratados no Capítulo 9.

A campanha em si é abordada em tópicos específicos, distribuídos nos capítulos 10 a 13, que englobam as pesquisas eleitorais, as formas de propaganda eleitoral, o direito de resposta e os debates.

As garantias específicas aos candidatos e aos eleitores em época de eleição, a fiscalização e a auditoria dos sistemas eleitorais e as condutas na véspera e no dia das eleições são esclarecidas nos capítulos 14 ao 16.

Nos capítulos 17 e 18, temos a análise do processo de votação, momento em que há necessidade de fiscalização pelos partidos e cidadãos, da emissão da zerézima à impressão do boletim de urna.

Encerradas as eleições, há deveres que devem ser cumpridos pelos candidatos na Justiça Eleitoral, prestando contas da campanha que realizou. Alguns importantes detalhes das prestações de contas são discutidos no Capítulo 19, mas de forma breve, devido ao tema ser bastante específico e exigir uma obra dedicada apenas a ele.

O resultado das eleições é, finalmente, abordado no Capítulo 20, no qual é demonstrada a forma de cálculo para distribuição das vagas aos eleitos.

No Apêndice 1 consta a tabela de limites de gastos das Eleições de 2016 e no Apêndice 2 o leitor encontra ainda as principais datas do calendário eleitoral, até as Eleições.

Transcorrido todo esse percurso de leitura, estamos certos de que o Manual das Eleições Municipais tornará o leitor apto para realizar uma campanha correta, eficiente e eficaz.

Capítulo 1

Do Alistamento ao Voto nas Eleições Municipais

1.1 Alistamento eleitoral

O alistamento eleitoral é o procedimento através do qual alguém se torna eleitor, cadastrando seus dados biográficos e biométricos na Justiça Eleitoral.

Ao proceder ao alistamento, a pessoa escolhe seu local de votação, dentre aqueles disponíveis no seu domicílio eleitoral, é incluído numa seção eleitoral, na qual irá depositar o seu voto no dia das eleições, e recebe um título eleitoral, com numeração específica no cadastro.

Considerando dados estatísticos do cadastro eleitoral, no período de eleições municipais aumenta muito a procura aos Cartórios Eleitorais, principalmente para alistamento de jovens eleitores.

1.2 Obrigatoriedade do alistamento e do voto

Apesar de o voto obrigatório ser adotado em diversos países do mundo, na maioria dos casos os eleitores não têm obrigatoriedade de votar.

Alguns países em que voto é obrigatório são: Argentina, Austrália, Chile, Egito, Grécia, Honduras, Panamá, Paraguai, Peru, Singapura, Tailândia e Uruguai. Já o voto facultativo existe na Colômbia, China, Dinamarca, El Salvador, Estados Unidos, França, Alemanha, entre outros (EUA, 2018).

No Brasil, o alistamento e o voto obrigatórios estão previstos no § 1° do art. 14 da CF/88, o qual estabelece tais obrigatoriedades para aqueles maiores de 18 anos, sendo facultativo para os maiores de 70 anos. Ainda há também a facultatividade do voto para os jovens maiores de 16 e menores de 18 anos e para os analfabetos.

Por consequência lógica, para os que se tornarem maiores de 70 anos e que nunca fizeram o alistamento eleitoral, não haverá mais a obrigatoriedade de fazer o alistamento ou de votar.

Considerando que os maiores de 16 anos podem votar, é possível realizar o alistamento eleitoral com 15 anos, caso na data da eleição o jovem já possua essa idade mínima de 16 anos.

O alistamento eleitoral é realizado no Cartório Eleitoral da Zona à qual pertence o interessado, ou seja, onde possua domicílio eleitoral, devendo comprovar essa situação.

Nesse sentido, há distinção clara entre as duas obrigatoriedades, existindo, inclusive, multa específica para cada caso, tanto para aquele que não se alistou com 18 anos, quanto para aquele que deixou de votar em algum pleito.

Por sua vez, aquele eleitor alfabetizado que é maior de 18 e menor de 70 anos e deixa de votar por três eleições consecutivas tem o seu título eleitoral cancelado pela Justiça Eleitoral, devendo proceder à regularização de sua situação cadastral no Cartório Eleitoral, com o recolhimento da multa na rede bancária.

No entanto, pessoas que não tenham condições financeiras de pagar a multa poderão declarar essa situação ao Juiz Eleitoral e não precisarão fazer o recolhimento da multa.

Aqui, é importante observar que fazer inserir declaração falsa ou diversa da que devia ser escrita em documento público é crime previsto no art. 299 do Código Penal, portanto, o eleitor que tem condições de pagar a multa estará sujeito a responder por tal crime, se declarar o contrário para se abster do pagamento da multa.

Apesar de obrigatórios o alistamento e o voto, estes são considerados também como um direito de cada brasileiro, nato ou naturalizado, porque através dele é que são traçados os destinos do país, para todos, independente da origem, raça, sexo, cor, idade ou credo.

Assim, possuindo as condições necessárias ao

alistamento, o brasileiro adquire o direito de escolher quais os rumos que devem ser tomados na condução das esferas de governo, como também a linha ideológica das decisões parlamentares.

Devido a isso, levando em conta que o alistamento e o voto (*jus suffragii*) não podem ser considerados apenas como deveres do cidadão, o termo que prevalece para caracterizar cada procedimento desses é o de direito-dever. Portanto, a pessoa que já possui os requisitos legais tem o direito-dever de realizar o alistamento eleitoral e de votar.

1.3 Documentação exigida para o alistamento eleitoral

A documentação necessária para realizar o alistamento eleitoral é aquela através da qual se pode comprovar a situação de fato do alistando quanto a sua idade e domicílio, além de outros dados. Sendo assim, podem ser apresentados documentos como carteira de identidade, certidão de nascimento, certidão de casamento, carteira de reservista ou outro certificado de quitação do serviço militar obrigatório ou carteira profissional reconhecida por lei federal, como as da OAB, CRM, CREA, CRA, CRC etc.

A carteira nacional de habilitação não pode ser utilizada para o alistamento eleitoral, por faltar o dado relativo à naturalidade.

A comprovação do domicílio eleitoral pode ser realizada através da apresentação de conta de água, luz, telefone ou outro documento que o Juiz Eleitoral entenda hábil, como por exemplo um contrato de aluguel.

É importante o fato de que o domicílio eleitoral não corresponde necessariamente ao domicílio civil, previsto no art. 70 do Código Civil, isto é, pode não ser aquele onde a pessoa estabelece a sua residência com ânimo definitivo. É o parágrafo único do art. 42 do Código Eleitoral que estabelece o domicílio eleitoral como o lugar de residência ou moradia do requerente, e, verificado ter o alistando mais de uma, qualquer delas.

O TSE já sedimentou a necessária "elasticidade" na

interpretação do conceito de domicílio eleitoral, nos seguintes termos:

> "[...] Domicílio eleitoral. Abrangência. Comprovação. Conceito elástico. Desnecessidade de residência para se configurar o vínculo com o município. Provimento. 1) Na linha da jurisprudência do TSE, o conceito de domicílio eleitoral é mais elástico do que no Direito Civil e se satisfaz com a demonstração de vínculos políticos, econômicos, sociais ou familiares [...]" (Ac. de 18.2.2014 no REspe nº 37481, rel. Min. Marco Aurélio, red. designado Min. Dias Toffoli.)

Para os homens que completaram 18 anos, é exigida ainda a apresentação de documento que comprove sua regularidade perante o serviço militar, tais como o certificado de alistamento militar, certificado de reservista, certificado de isenção, certificado de dispensa de incorporação, certificado de prestação alternativa ao serviço militar obrigatório ou outros documentos comprobatórios da situação militar.

No entanto, caso ainda esteja no prazo de apresentação ao órgão militar, em razão de situação específica, não será exigida a comprovação do serviço militar, conforme pode-se observar do que consta na Resolução TSE nº 22.097/2005:

> "Processo administrativo. Exigibilidade. Certificado de quitação. Serviço militar. Alistamento eleitoral. Res.-TSE nº 21.538/2003. Orientação anterior. Revogação. A exigibilidade do certificado de quitação do serviço militar, para fins de inscrição, como eleitor, daquele que completou 18 anos, somente se há de afastar para aqueles aos quais, em razão de previsão específica, ainda esteja em curso o prazo de apresentação ao órgão de alistamento militar. A Res.-TSE nº 21.538/2003, ao disciplinar a matéria (art. 13), revogou orientação anterior em sentido diverso." (Res. nº 22.097, de 6.10.2005, rel.

Min. Humberto Gomes de Barros.)

Considerando a possibilidade de a pessoa solicitar o alistamento eleitoral após 45 anos, não será mais necessária a comprovação da situação militar, pois o serviço militar deixa de ser obrigatório em 31 de dezembro do ano em que completa essa idade.

1.4 Procedimentos de revisão e transferência

A pessoa que já possui título eleitoral, ou seja, que fez o alistamento, poderá realizar dois outros procedimentos, dependendo de algumas situações relacionas a alterações nos seus dados pessoais, as quais necessitam ser incluídas no cadastro ou devido a mudança de domicílio.

A revisão é utilizada quando há alguma alteração que afete o cadastro eleitoral, tais como nome, estado civil, local de votação e o endereço dentro do mesmo município.

Já a transferência é realizada quando o eleitor muda de domicílio para outro município. Para transferir o título, o eleitor deve ter três meses no novo domicílio, comprovados através de contas de energia, água etc., e não pode ter feito o alistamento ou outra transferência nos últimos doze meses.

1.5 Procedimentos de regularização do título eleitoral cancelado

Os casos mais comuns em que o eleitor tem o seu título cancelado são:

a) deixar de votar e não justificar ou pagar a multa por três eleições consecutivas, quando já é obrigado a votar;

b) não comparecer à revisão do eleitorado.

No primeiro caso, só haverá o cancelamento se o eleitor faltar a três eleições consecutivas, devendo-se considerar cada turno como uma eleição. Assim, o eleitor que deixou de votar no segundo turno de 2016 e não votou no primeiro e no segundo turnos de 2018, teve seu título cancelado, devendo comparecer ao Cartório Eleitoral para fazer a regularização.

No caso de revisão do eleitorado, quando há necessidade de a Justiça Eleitoral coletar dados biométricos, por exemplo, se até o prazo final da revisão o eleitor não comparecer, terá seu título cancelado.

O processo de regularização é semelhante nos dois casos, devendo o eleitor apresentar documentação pessoal e comprovante de residência.

1.6 Procedimentos de regularização dos direitos políticos

A Constituição Federal prevê, no art. 15, que a perda ou suspensão dos direitos políticos se dá quando ocorrem:

> I - cancelamento da naturalização por sentença transitada em julgado;
>
> II - incapacidade civil absoluta;
>
> III - condenação criminal transitada em julgado, enquanto durarem seus efeitos;
>
> IV - recusa de cumprir obrigação a todos imposta ou prestação alternativa, nos termos do art. 5º, VIII;
>
> V - improbidade administrativa, nos termos do art. 37, § 4º.

Desse modo, as principais situações em que é possível regularizar os direitos políticos são:

a) cumprimento de sentença criminal;

b) situação da interdição alterada;

c) licenciado do serviço militar.

O cumprimento de sentença criminal é o mais recorrente dos casos e, para realizar a regularização, é necessário apresentar ao Cartório Eleitoral uma sentença ou documento que comprove a extinção da punibilidade.

Nos casos de interdição, deve-se apresentar a sentença que determina a alteração.

Já o licenciado do serviço militar deve apresentar o documento correspondente da autoridade militar que comprove estar quite com a obrigação militar.

1.7 Fechamento do cadastro eleitoral

A organização das seções eleitorais depende da existência de uma lista de eleitores que não possa sofrer alterações após o processamento e geração dos dados para inserção na urna eletrônica.

Para que o nome do eleitor seja encontrado na lista da seção eleitoral e na urna eletrônica de uma seção, é necessário, portanto, que não sejam realizados procedimentos de alistamento, revisão ou transferência, desde o momento em que é gerada a lista que estará na urna eletrônica até a eleição.

Esse momento no qual são encerrados os procedimentos de alistamento, revisão e transferência é chamado de fechamento do cadastro, o qual ocorre dentro dos cento e cinquenta dias anteriores à data da eleição, conforme previsto no art. 91 da Lei nº 9.504/1997.

Para as Eleições de 2020, o último dia em que foi possível fazer o alistamento, a revisão ou a transferência foi 06 de maio, ou seja, 151 dias antes de 04 de outubro, data inicial das Eleições, seguindo o calendário que ainda estava em vigor antes da alteração da data do pleito pela Emenda Constitucional 107.

No entanto, procedimentos de regularização, alistamento, revisão e transferência estão disponíveis durante todo o ano não eleitoral e até o dia anterior ao do fechamento do cadastro, o que possibilita às pessoas realizarem essas operações de forma rápida e tranquila, caso não deixem para os últimos dias do prazo legal.

É comum, na realidade, ver nos finais de prazo de fechamento de cadastro longas filas nos Cartórios Eleitorais e nos postos de atendimento da Justiça Eleitoral, ao se aproximarem os últimos dias do atendimento, o que gera um desconforto ao eleitor que pode ser evitado, se não deixar para realizar o seu procedimento no final do prazo, já que o atendimento ao eleitor em outros períodos costuma ser com pouquíssima ou até nenhuma fila.

1.8 Justificativa eleitoral

A legislação contempla a possibilidade de o eleitor justificar sua ausência, tanto no dia do pleito quanto após a eleição.

No caso de justificativa realizada no dia do pleito (nas seções eleitorais ou de justificativa), esta é lançada na urna eletrônica, após apresentação de documento pessoal e do formulário de justificativa preenchido.

Ao justificar na seção eleitoral ou de justificativa, essa informação é lançada diretamente no cadastro eleitoral, através dos dados coletados da urna eletrônica, não havendo necessidade de nenhum outro procedimento.

O motivo dessa justificativa é a de não estar o eleitor no município no qual possui o título eleitoral no dia da votação, portanto, só poderá ser aceita se o eleitor justificar em uma seção eleitoral de município diverso daquele em que vota.

Já no caso de justificativa feita após o pleito, o juiz deverá deferir ou não a justificativa, considerando a documentação e o argumento apresentado pelo eleitor, que tem o prazo de 60 dias da eleição para justificar. No entanto, se o eleitor estava no exterior na data da votação, terá 30 dias para justificar, contando da data em que retornou ao Brasil.

A justificativa pode ser apresentada de duas formas: 1) através de preenchimento de formulário de Requerimento de Justificativa Eleitoral no Cartório Eleitoral; ou 2) através da internet, acessando o Sistema Justifica, disponível no site do TSE em: https://justifica.tse.jus.br.

No caso da justificativa pela internet, a documentação fornecida será encaminhada ao Cartório Eleitoral do solicitante para que seja analisada e decidida pelo Juiz Eleitoral. O resultado poderá ser obtido no próprio site do Sistema Justifica.

Uma questão bastante recorrente é a da quantidade máxima de justificativas que o eleitor pode realizar. Na realidade, não existe uma quantidade máxima de justificativas, sendo que o eleitor poderá fazer sucessivas justificativas e não terá o seu título cancelado pelo motivo de ausência ao pleito.

1.9 Restrições aplicáveis a quem não se alista ou não vota

De acordo com o § 1º do art. 7º do Código Eleitoral, são as seguintes as restrições para aqueles que não votam, não pagam a multa ou não fazem a justificativa eleitoral:

> I - inscrever-se em concurso ou prova para cargo ou função pública, investir-se ou empossar-se neles;
>
> II - receber vencimentos, remuneração, salário ou proventos de função ou emprego público, autárquico ou para estatal, bem como fundações governamentais, empresas, institutos e sociedades de qualquer natureza, mantidas ou subvencionadas pelo governo ou que exerçam serviço público delegado, correspondentes ao segundo mês subsequente ao da eleição;
>
> III - participar de concorrência pública ou administrativa da União, dos Estados, dos Territórios, do Distrito Federal ou dos Municípios, ou das respectivas autarquias;
>
> IV - obter empréstimos nas autarquias, sociedades

de economia mista, caixas econômicas federais ou estaduais, nos institutos e caixas de previdência social, bem como em qualquer estabelecimento de crédito mantido pelo governo, ou de cuja administração este participe, e com essas entidades celebrar contratos;

V - obter passaporte ou carteira de identidade;

VI - renovar matrícula em estabelecimento de ensino oficial ou fiscalizado pelo governo;

VII - praticar qualquer ato para o qual se exija quitação do serviço militar ou imposto de renda.

Essas restrições não se aplicam apenas aos que não votam, mas também àqueles que não realizam o alistamento eleitoral, conforme previsto no § 2º do art. 7º do Código Eleitoral, inclusive os brasileiros naturalizados, que devem comparecer ao Cartório Eleitoral do seu domicílio para realizar o alistamento, apresentando a Portaria de concessão da naturalização do Ministério da Justiça e Segurança Pública.

1.10 Atendimento pela internet

Devido à restrição do atendimento presencial em 2020, por conta da pandemia relacionada à Covid-19, a Justiça Eleitoral passou a atender pela internet para efetivação dos requerimentos relacionados à transferência, revisão e alistamento eleitoral.

Portanto, aqueles que desejam tirar o primeiro título, transferir o domicílio ou atualizar o cadastro podem fazer essas operações exclusivamente pelo sistema Título Net, sem a necessidade de comparecimento imediato, o que é uma novidade, pois na situação de normalidade é exigida a presença do interessado.

No entanto, considerando que não são coletadas as digitais nessa forma de atendimento, é provável que os eleitores sejam chamados posteriormente para fazer a coleta dos dados biométricos, os quais implementam maior segurança na identificação do eleitor nas seções eleitorais.

Outro serviço muito interessante disponível pela internet nos sites dos TREs é o da emissão da Guia de Recolhimento da União (GRU) para o pagamento de débitos eleitorais, o que torna desnecessária a presença do eleitor no cartório eleitoral, caso precise apenas regularizar esses débitos que normalmente decorrem da ausência injustificada à votação.

Capítulo 2

FILIAÇÕES PARTIDÁRIAS

2.1 Normas de filiação partidária

A filiação partidária é um instrumento bastante importante de participação política que permite ao cidadão interagir com o partido de sua preferência de maneira mais efetiva, interferindo diretamente em suas decisões.

Certamente que cada partido possui regras próprias de atuação dos seus filiados, sendo que o exercício dos direitos do filiado e o cumprimento dos seus deveres perante a sua agremiação política seguem essas regras.

A Lei nº 9.096/1995 prevê em seu art. 15 que o Estatuto do partido deve conter normas relacionadas à filiação partidária, desligamento dos seus membros, direitos e deveres dos seus filiados, além de outras normas que direcionem a organização e administração do partido.

Isso se dá pela necessidade de o cidadão que deseja filiar-se a um partido saber o que lhe espera como filiado, o que poderá ou não fazer, ou seja, as regras do jogo da participação política intrapartidária.

De fato, não fossem obrigatórias tais normas, os dirigentes partidários estariam livres para agir de acordo com seus interesses, em desfavor do interesse geral dos filiados, inclusive desconsiderando por diversas vias o princípio democrático, que deve ser respeitado nas agremiações partidárias. Não seria, portanto, admissível um partido que na sua forma de conduta interna discriminasse minorias ou suspendesse seus filiados sem justificativa, apenas por não concordarem com decisões da cúpula da agremiação em aspectos que não afetam, por exemplo, a fidelidade partidária.

Normas que protejam os filiados tornam-se ainda mais

necessárias quando os dirigentes dos partidos são também os detentores do poder político e econômico. Nesse sentido, Robert Michels (sd, p. 83), após fazer análise de organizações políticas, chegou à conclusão de que o "grupo superior" tende a ser formado por chefes em sua maioria que possuem mandatos, ou seja, que têm um grau elevado de poder, o que torna necessárias regras que contenham atitudes tirânicas dos líderes, ou ainda, que limitem o acesso à direção da organização partidária, como no caso da proibição da acumulação do cargo de parlamentar e de dirigente do partido.

Além disso, deve-se considerar a importante função das agremiações partidárias de "recrutamento e seleção de pessoal dirigente para os cargos de governo" (SEILER, 2000, p. 31), que, segundo Seiler (2000, p. 34), asseguram a representação dos cidadãos conferindo-lhes a legitimidade necessária ao cumprimento da função representativa, o que é garantido pelo inciso V do § 3º do Art. 14 da CF/88, não obstante interpretações minoritárias divergentes, o que veremos quando abordarmos a questão das candidaturas avulsas.

Estando regularmente filiado a partido político, o cidadão tem direito de ter seus dados incluídos pelo partido no sistema de filiados da Justiça Eleitoral. Caso os dados do filiado não sejam inseridos no sistema, seja por desídia ou por má-fé, o filiado poderá requerer diretamente à Justiça Eleitoral a inclusão, uma vez que isso é necessário para o cumprimento dos prazos de filiação partidária para efeito de candidatura a cargos eletivos, conforme art. 19 da Lei nº 9.096/1995.

A Súmula-TSE nº 20 traz ainda o entendimento de que é possível fazer prova da filiação através de outros elementos de convicção, caso o nome do interessado não conste da lista do partido:

> A prova de filiação partidária daquele cujo nome não constou da lista de filiados de que trata o art. 19 da Lei nº 9.096/1995, pode ser realizada por outros elementos de convicção, salvo quando se tratar de documentos produzidos unilateralmente, destituídos de fé pública. (SIC)

Deve-se observar, entretanto, que a filiação pode não suprir a exigência legal, quando feita a partido político que realizou seu registro no TSE dentro do período de seis meses antes do pleito ou que não tenha órgão de direção constituído na circunscrição até a data da convenção, uma vez que o partido político nessas condições não pode participar das eleições, conforme disposto no art. 4º da Lei nº 9.504/1997.

2.2 Suspensão da filiação partidária

A filiação partidária deverá ser suspensa nos casos em que os direitos políticos do filiado estejam suspensos ou haja a sua perda, mesmo porque, de acordo com o inciso II do art. 71 do Código Eleitoral, a suspensão e a perda dos direitos políticos são motivo para o cancelamento do alistamento eleitoral. Em resposta à petição que tratava de suspensão dos direitos políticos, assim decidiu o TSE:

> "Petição. Partido da república (PR). Alterações estatutárias. Registro. Deferimento parcial. 1. O partido político é obrigado a observar, na elaboração de seu programa e estatuto, as disposições constitucionais e as da Lei dos Partidos Políticos. 2. Aquele que se encontra com os direitos políticos suspensos deverá ter a filiação partidária suspensa por igual período, não poderá praticar atos privativos de filiado e não poderá exercer cargos de natureza política ou de direção dentro da agremiação partidária. 3. Pedido deferido parcialmente." (Ac. de 3.9.2014 no RGP nº 305, rel. Min. Luciana Lóssio).

Os motivos de suspensão e perda dos direitos políticos constam dos incisos I a V do art. 15 da CF/88, quais sejam:

> I - cancelamento da naturalização por sentença transitada em julgado;

II - incapacidade civil absoluta;

III - condenação criminal transitada em julgado, enquanto durarem seus efeitos;

IV - recusa de cumprir obrigação a todos imposta ou prestação alternativa, nos termos do art. 5º, VIII;

V - improbidade administrativa, nos termos do art. 37, § 4º.

Dessa forma, qualquer filiado que se encontre em uma dessas hipóteses deverá ter seu registro de filiação suspenso, não podendo praticar os atos afetos aos filiados, como os de votar nas reuniões do partido ou participar dos seus órgãos de direção.

2.3 Prazo para filiação dos possíveis candidatos

Existem dois prazos de filiação possíveis que devem ser cumpridos pelos pretendentes à candidatura: um legal e outro estatutário.

No caso do prazo legal, de acordo com o constante no art. 9º da Lei 9.504/1997, para concorrer às eleições, o candidato deverá estar com sua filiação partidária deferida pelo partido no prazo de seis meses do pleito, seguindo o calendário de antes da alteração da data das Eleições através da Emenda Constitucional 107. Isso significa que, em 2020, os candidatos devem ter filiação deferida pelo partido até 04 de abril deste ano.

Anteriormente, o prazo de filiação e de domicílio na circunscrição de quem pretendia concorrer era único de um ano. Em 2015, a Lei nº 13.165/2015 alterou o prazo de filiação para seis meses, mantendo um ano para o domicílio. Finalmente, em 2017, a Lei nº 13.488/2017 unificou os prazos para seis meses, sendo agora necessários o domicílio eleitoral e a filiação partidária de seis meses antes do pleito.

O prazo estatutário é aquele constante do estatuto do partido, exigido do filiado para que se candidate. Caso conste do estatuto prazo maior de filiação, o filiado desse partido deve ter sua filiação aprovada dentro do prazo previsto no estatuto, mesmo sendo menor o prazo previsto na legislação, pois o art. 9º da Lei nº 9.504/1997 corresponde a um prazo mínimo, sendo uma faculdade do partido estabelecer regras específicas, mesmo porque os partidos têm liberdade e autonomia para estabelecer suas regras internas.

Importante observar ainda que se houver fusão ou incorporação de partidos após o prazo de seis meses, será considerada, para efeito de filiação partidária, a data de filiação do candidato ao partido de origem, o que garante aos filiados concorrerem mesmo que seu partido originário deixe de existir, preservando-se a data de sua filiação.

Por outro lado, na hipótese de fusão ou incorporação em que o estatuto adotado preveja necessidade de tempo maior do que o previsto no estatuto originário para filiação, aos que pretendem concorrer, entendemos que deve ser adotado o novo estatuto, uma vez que a incorporação ou fusão são deliberadas pelos filiados dos partidos e não há previsão legal de que seja mantida a exigência anterior do prazo estatutário originário, como há no caso da data da filiação. O inverso também se aplica, ou seja, o caso em que o novo estatuto adotado preveja tempo menor de filiação, permitindo assim que alguns filiados que não poderiam concorrer passem a estar aptos a registrarem sua candidatura.

2.4 Algumas situações especiais de filiação partidária

A Resolução TSE nº 23.596/2019, que trata de filiação partidária, prevê no § 2º do art. 2º que os militares, magistrados, membros dos Tribunais de Contas e do Ministério Público devem observar as disposições legais próprias sobre prazos de filiação.

No caso dos militares, há regramento diverso dos demais e, por conta das especificidades desses cargos, os prazos e exigências para filiação dos seus titulares visam, na realidade, a proporcionar a possibilidade do exercício do direito de ser votado, sem macular a imparcialidade das instituições a que pertencem e para retirar a possibilidade de qualquer suspeita sobre abusos quanto ao exercício desses cargos na esfera eleitoral.

Vamos então às regras para cada cargo:

a) Militares

O inciso V do § 3º do art. 142 da CF/88 proíbe expressamente a filiação partidária de militares enquanto em serviço ativo.

Sob esse viés, a Lei nº 6.880/1980, que dispõe sobre o Estatuto dos Militares, define que os militares na ativa correspondem aos seguintes:

> I - os de carreira;
>
> II - os temporários, incorporados às Forças Armadas para prestação de serviço militar, obrigatório ou voluntário, durante os prazos previstos na legislação que trata do serviço militar ou durante as prorrogações desses prazos;
>
> III - os componentes da reserva das Forças Armadas quando convocados, reincluídos, designados ou mobilizados;
>
> IV - os alunos de órgão de formação de militares da ativa e da reserva; e
>
> V - em tempo de guerra, todo cidadão brasileiro mobilizado para o serviço ativo nas Forças Armadas.

Portanto, nenhum militar que se encontra numa dessas situações pode estar filiado a partido político.

Então, como pode concorrer o militar aos cargos públicos?

Em primeiro lugar, deve-se observar que a CF/88, no § 8º do art. 14, garante ao militar alistável a qualidade de elegível, atendidas as seguintes condições:

> I - se contar menos de dez anos de serviço, deverá afastar-se da atividade;
>
> II - se contar mais de dez anos de serviço, será agregado pela autoridade superior e, se eleito, passará automaticamente, no ato da diplomação, para a inatividade.

Em segundo, considerando que o exercício do direito correspondente à elegibilidade está garantido pela CF/88 e que a filiação partidária está proibida ao militar em serviço ativo, o militar que pretende concorrer a cargo público não necessita de filiação partidária como condição de elegibilidade, conforme entendimento do TSE:

> "Consulta. Militar da ativa. Concorrência. Cargo eletivo. Filiação partidária. Inexigibilidade. Res.-TSE nº 21.608/2004, art. 14, § 1º. 1. A filiação partidária contida no art. 14, § 3º, V, Constituição Federal não é exigível ao militar da ativa que pretenda concorrer a cargo eletivo, bastando o pedido de registro de candidatura após prévia escolha em convenção partidária (Res.-TSE nº 21.608/2004, art. 14, § 1º)." (Res. nº 21.787, de 1o.6.2004, rel. Min. Humberto Gomes de Barros.)

Além disso, o STF já declarou a impossibilidade da filiação partidária ao militar na ativa:

> STF: "Em função da missão constitucional outorgada às instituições militares, o estatuto jurídico de seus membros difere dos civis, sendo

> vedado àqueles, v.g., a filiação partidária e sindical, exercício de greve, impetração de habeas corpus contra punições disciplinares. (Precedentes: HC 108.811, Relator(a): Min. AYRES BRITTO, Segunda Turma, julgado em 08.11.2011 e também Habeas Corpus nº 110.328/RS, 1ª Turma do STF, Rel. Marco Aurélio. j. 11.11.2014, maioria, DJe 09.02.2015).

Por outro lado, apesar de não necessitar prévia filiação para ser escolhido em convenção partidária como candidato, o TSE entende que o militar deve estar afastado no momento do registro da candidatura, o que implica, em tese, que não se encontra mais em uma das condições previstas na Lei nº 6.880/1980, ou seja, não está mais no serviço ativo, devendo se filiar após a escolha na convenção partidária.

Cabe frisar que o afastamento do militar da ativa não se dá, portanto, com o deferimento do registro de candidatura, mas sim com a escolha em convenção, que deve ser comunicada à unidade militar a que pertence.

O art. 218 do Código Eleitoral estabelece ainda que o presidente de Junta ou de Tribunal que diplomar militar candidato a cargo eletivo comunicará imediatamente a diplomação à autoridade a que o militar estiver subordinado, para os fins do art. 98 do mesmo Código Eleitoral.

b) Magistrados

A Lei Orgânica da Magistratura, Lei Complementar nº 35/1979, prevê como uma das causas da perda do cargo do magistrado o exercício de atividade político-partidária.

Através da Ação Ordinária 2.236/GO, a União Nacional dos Juízes Federais do Brasil (Unajuf) questionou tal dispositivo, afirmando que esta restrição não se coaduna com a garantia do pleno exercício da cidadania, estabelecida no art. 23 da Convenção Americana sobre os Direitos Humanos, e requereu a revogação do art. 26, II, "c", da Lei Orgânica da Magistratura Nacional, e que fosse declarado o direito dos representados pela Unajuf à filiação partidária e a se candidatarem sem a perda de seu respectivo cargo.

Ocorre que o caso foi submetido ao STF, considerando que o Supremo é quem deve julgar causas de interesse de toda a magistratura, tendo o Ministro Gilmar Mendes decidido em 2017 que inexiste respaldo constitucional que viabilize a prática de atividade político-partidária por membros da magistratura, no seguinte teor:

> "Ora, ao realizarem-se as interpretações sistemática e teleológica entre o art. 14, § 3º, V, e o art. 95, parágrafo único, III, do texto constitucional é nítida a opção do Poder Constituinte Originário de afastar tal categoria de agentes políticos do cenário de filiação político-partidária, o que, por obviedade, atinge as condições de elegibilidade e configura exceção interpretativa ao item 2 do art. 23 do Pacto de San José da Costa Rica." (AO 2.236/GO, Min. Gilmar Mendes, 30/06/2017)

Além disso, também já foi declarada a impossibilidade de acumulação do cargo de juiz com qualquer outro, exceto de magistério, conforme decisão no Mandado de Segurança nº 25.938, de relatoria da Ministra Cármen Lúcia:

> "MANDADO DE SEGURANÇA. RESOLUÇÃO N. 10/2005, DO CONSELHO NACIONAL DE JUSTIÇA. VEDAÇÃO AO EXERCÍCIO DE FUNÇÕES, POR PARTE DOS MAGISTRADOS, EM TRIBUNAIS DE JUSTIÇA DESPORTIVA E SUAS COMISSÕES DISCIPLINARES. ESTABELECIMENTO DE PRAZO PARA DESLIGAMENTO. NORMA PROIBITIVA DE EFEITOS CONCRETOS. INAPLICABILIDADE DA SÚMULA N. 266 DO SUPREMO TRIBUNAL FEDERAL. IMPOSSIBILIDADE DE ACUMULAÇÃO DO CARGO DE JUIZ COM QUALQUER OUTRO, EXCETO O DE

MAGISTÉRIO. 1. A proibição jurídica é sempre uma ordem, que há de ser cumprida sem que qualquer outro provimento administrativo tenha de ser praticado. O efeito proibitivo da conduta - acumulação do cargo de integrante do Poder Judiciário com outro, mesmo sendo este o da Justiça Desportiva - dá-se a partir da vigência da ordem e impede que o ato de acumulação seja tolerado. 2. A Resolução n. 10/2005, do Conselho Nacional de Justiça, consubstancia norma proibitiva, que incide, direta e imediatamente, no patrimônio dos bens juridicamente tutelados dos magistrados que desempenham funções na Justiça Desportiva e é caracterizada pela auto-executoriedade, prescindindo da prática de qualquer outro ato administrativo para que as suas determinações operem efeitos imediatos na condição jurídico-funcional dos Impetrantes. Inaplicabilidade da Súmula n. 266 do Supremo Tribunal Federal. 3. As vedações formais impostas constitucionalmente aos magistrados objetivam, de um lado, proteger o próprio Poder Judiciário, de modo que seus integrantes sejam dotados de condições de total independência e, de outra parte, garantir que os juízes dediquem-se, integralmente, às funções inerentes ao cargo, proibindo que a dispersão com outras atividades deixe em menor valia e cuidado o desempenho da atividade jurisdicional, que é função essencial do Estado e direito fundamental do jurisdicionado. 4. O art. 95, parágrafo único, inc. I, da Constituição da República vinculou-se a uma proibição geral de acumulação do cargo de juiz com qualquer outro, de qualquer natureza ou feição, salvo uma de magistério. 5. Segurança denegada". (MS 25.938, Rel. Min. Cármen Lúcia, Tribunal Pleno, DJe 12.9.2008)

Por fim, a questão da filiação partidária de magistrado também foi discutida anteriormente, no TSE, tendo-se decidido que, para se filiar, o magistrado deve se afastar antes de tornar efetiva a filiação:

> "Consulta. Prazo. Filiação partidária. Magistrado. Comprovação. Afastamento. Função. Magistrado que pretenda se aposentar para satisfazer a condição de elegibilidade de filiação partidária, objetivando lançar-se candidato às eleições, somente poderá filiar-se a partido político depois de publicado o ato que comprove seu afastamento de forma definitiva e até seis meses antes do pleito que deseja disputar." (Res. nº 22.179, de 30.3.2006, rel. Min. Cesar Asfor Rocha.)

Sendo assim, para o magistrado concorrer às eleições deve afastar-se definitivamente do cargo.

c) Membros dos Tribunais de Contas

São inúmeras as decisões nos Tribunais que indicam a necessidade de o membro de Tribunal de Contas de se afastar definitivamente do cargo para poder filiar-se e concorrer a cargos eletivos.

Do TSE, colhemos as seguintes Resoluções, de relatoria dos Ministros Marcelo Ribeiro e Edson Vidigal:

> "[...]. 2. O prazo de filiação partidária para aqueles que, por força de disposição constitucional, são proibidos de exercer atividade político-partidária, deve corresponder, no mínimo, ao prazo legal de desincompatibilização fixado na Lei Complementar nº 64/1990. 3. Se o afastamento de membro de tribunal de contas de suas funções se der por ocasião do último dia do prazo de desincompatibilização, a filiação partidária deve ser contígua, a fim de que se observe o prazo de

> seis meses, quando a candidatura referir-se a mandato eletivo federal ou estadual. (...) (Res. nº 23.180, de 17.11.2009, rel. Min. Marcelo Ribeiro.)

> "Magistrados e membros do Tribunal de Contas. Elegibilidade. Desincompatibilização e filiação partidária. 1. Para concorrer às eleições, o membro do Tribunal de Contas terá que estar afastado de forma definitiva do seu cargo pelo menos por 6 (seis) meses (LC nº 64/1990, art. 1º, II, a, 14), devendo satisfazer a exigência constitucional de filiação partidária nesse mesmo prazo. 2. Precedentes." (Res. nº 20.539, de 16.12.99, rel. Min. Edson Vidigal.)

No que tange à eleição municipal para os cargos de prefeito e vice-prefeito, há decisão do TSE no sentido de o afastamento ter de ocorrer no prazo de quatro meses, como segue:

> "Consulta. Membro de Tribunal de Contas. Filiação. Desincompatibilização. Candidatura a cargo de prefeito e vice-prefeito. Prazo. Os membros dos tribunais de contas, embora dispensados de filiação partidária nos termos fixados em lei ordinária, qual seja, de um ano, haverão de obter essa condição de elegibilidade a partir de sua desincompatibilização, ou seja, no prazo de quatro meses anteriores ao pleito." (Res. nº 21.530, de 9.10.2003, rel. Min. Peçanha Martins.)

Tais decisões espelham o que dispõe a LC nº 64/1990, no art. 1º, inciso II, "a", 14, que prevê o afastamento definitivo de 6 meses para concorrer aos cargos de Presidente e Vice-Presidente da República, o inciso IV, "a", que prevê 4 meses para concorrer para Prefeito e Vice-Prefeito e o inciso VII, "a", que prevê 6 meses de desincompatibilização para concorre à Câmara Municipal.

d) Membros do Ministério Público

De acordo com o inciso V do art. 237 da Lei Complementar nº 75/1993, é vedado ao membro do Ministério Público da União exercer atividade político-partidária, ressalvada a filiação e o direito de afastar-se para exercer cargo eletivo ou a ele concorrer.

Por sua vez, a Emenda Constitucional nº 45/2004 tornou vedado aos membros do Ministério Público exercer atividade político-partidária, na redação dada à alínea "e" do inciso II do § 5º do art. 128 da CF/88.

Já o Conselho Nacional do Ministério Público, no art. 1º da Resolução CNMP nº 05/2006, estabeleceu que estão proibidos de exercer atividade político-partidária os membros do Ministério Público que ingressaram na carreira após a publicação da Emenda Constitucional nº 45/2004, mas que tal vedação não alcança os que integravam o Ministério Público em 05 de outubro de 1988 e que tenham manifestado a opção pelo regime anterior.

Portanto, para aqueles que ingressaram no Ministério Público antes da CF/88 é possível exercer atividade político-partidária, incluindo a necessária filiação, caso tenham optado pelo regime anterior, conforme § 3º do art. 29 do ADCT.

Além disso, para os que ingressaram no Ministério Público após a promulgação da CF/88 e antes da EC nº 45/2004, há entendimento do TSE de que podem concorrer às eleições, com afastamento definitivo:

> "Consulta. Desincompatibilização. Filiação partidária. Eleições 2012. Membro do Ministério Público Estadual. Ingresso. Posterioridade. Constituição Federal de 1988. Afastamento definitivo. Cargo público. 1. A jurisprudência do Tribunal Superior Eleitoral é no sentido de que membro do Ministério Público Estadual que ingressou na instituição depois da Constituição Federal de 1988 e antes da EC nº 45/2004 deve se

> afastar definitivamente de seu cargo público para concorrer a eleições [...]. Consulta respondida positivamente. 2. Os membros do Ministério Público Estadual se submetem à vedação constitucional de filiação partidária (EC nº 45/2004). No entanto, ante essa vedação, o prazo de filiação partidária para os que pretendam se candidatar nas eleições de 2012, dependerá do prazo de desincompatibilização exigido ao membro do Ministério Público em geral, conforme o cargo que pretenda disputar; se for para prefeito, 4 (quatro) meses (artigo 1º, inciso IV, alínea b, da LC nº 64/90), se for para vereador, 6 (seis) meses (artigo 1º, inciso VII, alínea a, da LC nº 64/90)." (Ac. de 13.10.2011 na Cta nº 150889, rel. Min. Gilson Dipp; no mesmo sentido o Ac. de 21.9.2006 no RO nº 993, rel. Min. Cesar Asfor Rocha.)

Observa-se ainda, da decisão, que o prazo de desincompatibilização é de 4 meses, para concorrer a prefeito, e de 6 meses, para concorrer a vereador.

2.5 Existência de dupla filiação partidária

A legislação eleitoral já foi bem mais exigente quando tratava da existência da dupla filiação partidária. Nesses casos, até 2013, a pessoa que se filiava a outro partido tinha o dever de comunicar a nova filiação ao Juiz Eleitoral, a fim de realizar o cancelamento da filiação anterior. Tal comunicação deveria ser feita no dia imediato ao da nova filiação, caso contrário, ambas as filiações eram consideradas nulas para todos os efeitos.

Isso trazia diversos transtornos aos filiados que, muitas vezes, solicitavam sua desfiliação e o partido continuava mantendo o nome da pessoa na lista de filiados ou ainda devido ao curtíssimo prazo para comunicar a desfiliação ao juiz, que, se não cumprido, tinha as duas filiações consideradas nulas. Essa sanção podia ser considerada bastante desproporcional, mesmo porque a participação política é garantida constitucionalmente e considerar nulas as filiações impedia os cidadãos de concorrerem nas eleições.

Atualmente, o parágrafo único do art. 22 da Lei nº 9.096/1995, conforme redação dada pela Lei nº 12.891/2013, prevê que se houver coexistência de filiações partidárias, prevalecerá a mais recente, devendo a Justiça Eleitoral determinar o cancelamento das demais, o que está mais de acordo com o conjunto das normas eleitorais e suas sanções.

Além disso, o inciso V do art. 22 da Lei nº 9.096/1995, incluído pela mesma Lei nº 12.891/2013, prevê que o cancelamento imediato da filiação partidária se verifica nos casos de filiação a outro partido, desde que a pessoa comunique o fato ao juiz da respectiva Zona Eleitoral.

Ressalte-se, por fim, que o partido político não pode criar barreiras estatutárias à desfiliação partidária, constrangendo o filiado a permanecer na legenda, pois se trata de exercício de um direito de escolha do cidadão e não exatamente uma prerrogativa do partido.

Assim decidiu o TSE em 2019, quando da análise de situação em que um partido político impunha multa àqueles que solicitavam sua desfiliação:

> "Direito eleitoral. Registro de partido político. Partido da mulher brasileira - PMB. Anotação de alteração estatutária. Deferimento parcial. Hipótese [...] V. Multa em caso de desfiliação partidária 11. A exigência de fidelidade partidária não se compatibiliza com a cobrança de multa. A imposição de multa no caso de desfiliação permite ao partido apropriar-se de instituto que tem como objetivo a proteção da democracia para o fim de atender a interesses patrimoniais próprios. Precedentes. [...]" (Ac. de 4.4.2019 no RPP nº 155473, rel. Min. Luís Roberto Barroso.)

E deve-se notar que a previsão da multa não é possível, segundo a supracitada decisão, nem mesmo no caso de infidelidade partidária, sendo, portanto, ainda mais reprovável a cobrança nos demais casos, isto é, nas hipóteses de justa causa para desfiliação.

Seguindo esse raciocínio, mesmo com nomenclaturas disfarçadas, como "taxa de desfiliação", a cobrança não pode ser feita a esse título, pois pode comprometer a liberdade de escolha do eleitor, mesmo que em pequeno grau.

2.6 Sistema de Filiação Partidária

O TSE lançou em 20 de agosto de 2019 o novo Sistema de Filiação Partidária (FILIA), aprovando a Resolução TSE nº 23.596/2019, a qual disciplina o encaminhamento dos dados de filiação pelos partidos políticos à Justiça Eleitoral.

Este sistema, criado pela Secretaria de Tecnologia da Informação do TSE, é utilizado para anotação das filiações partidárias em todo o país, sendo necessário que as informações de filiação sejam inseridas no sistema pelo partido político.

Para que possam ser utilizados pelos interessados, existem três módulos distintos do sistema: Interno, Externo e de Consulta Pública. Cada módulo tem as seguintes características, de acordo com a Resolução TSE nº 23.596/2019:

> I - o Módulo Interno, de uso obrigatório e exclusivo da Justiça Eleitoral, objetiva o gerenciamento das informações relativas a filiações partidárias, bem como o cadastramento de usuário e senha do representante nacional do partido político;
>
> II - o Módulo Externo, de uso dos partidos políticos, permite o cadastramento de usuários do sistema na forma do art. 8º desta resolução, a inserção dos dados dos filiados no sistema e sua submissão à Justiça Eleitoral;
>
> III - o Módulo Consulta Pública, disponível na rede

mundial de computadores, possibilita o acesso aos dados públicos dos filiados e permite a emissão e validação de certidão.

Dessa forma, através do Módulo Interno, a Justiça Eleitoral gerencia as informações de filiação e cadastra os usuários do Módulo Externo, no qual os partidos políticos inserem os dados de filiação de seus membros e cadastram os usuários do partido. Já o Módulo Consulta Pública permite ao cidadão verificar sua situação de filiado, constando apenas para consulta os dados relativos ao nome do partido político e do eleitor, a data de filiação, o número do título eleitoral e da seção em que está inscrito.

O Módulo de Consulta Pública do FILIA pode ser acessado no site do TSE ou dos TREs, no menu "Partidos".

Capítulo 3

Fidelidade Partidária

3.1 Fidelidade e filiação partidária

De acordo com o art. 22-A da Lei nº 9.096/2007, acrescentado pela Lei nº 13.165/2015, a perda do mandato ocorre quando há desfiliação sem justa causa do partido pelo qual foi eleito o interessado. Como o legislador está tratando aqui de questão relacionada à filiação partidária, o art. 22-A está inserido no Capítulo IV da Lei nº 9.096/2007, que não trata especificamente de fidelidade partidária e sim de filiação.

Por outro lado, como a fidelidade partidária envolve outras questões específicas, como a disciplina partidária, tratamos aqui da fidelidade em capítulo diverso do de filiação partidária, para melhor sistematização do conteúdo.

Já no parágrafo único do art. 22-A, encontram-se três hipóteses de justa causa para desfiliação partidária, as quais merecem uma análise mais apurada.

3.2 Hipóteses de justa causa para desfiliação partidária

a) Mudança substancial ou desvio reiterado do programa partidário

É bastante razoável que ao encampar as fileiras de um partido o eleitor escolha aquele que está mais de acordo com sua linha de pensamento político, que atenda melhor a sua expectativa quanto a seus objetivos e que tenha seu programa e o modo de sua organização e administração adequados ao que ele espera para o exercício de seus direitos na agremiação.

No que se refere à mudança substancial do programa partidário, tal motivo se dá quando o programa do partido é alterado de modo a desnaturar suas características pelas quais é reconhecido como tal, ou seja, quando é alterada sua substância naquilo que faz o partido existir daquela forma, por si mesmo.

Exemplo de mudança substancial do programa partidário ocorre quando o programa de um partido é modificado para passar a defender ideal oposto ao que constava anteriormente ou que seja contrária à ideologia defendida pela agremiação em seu estatuto.

No caso do desvio reiterado do programa partidário são relevantes as ações de fato que o partido e seus dirigentes executam, contrariando repetidamente o que está previsto no programa partidário. Portanto, ocorre quando não há alteração do programa originário, mas sim sua frustração ou oposição na esfera fática.

Dessa forma, para o eleitor ou parlamentar que escolheu determinado partido devido às especificidades de seu programa, dentre outras características, ver ocorrerem mudanças que o levariam a rejeitar o mesmo partido, podem dar motivo à justa causa para a desfiliação partidária.

Podemos citar o caso de partido que tenha como um dos seus pilares ideológicos e programáticos a defesa da livre concorrência, mas que reiteradamente atua no interesse de monopólios.

b) Grave discriminação política pessoal

A discriminação referida no inciso II do art. 22 da Lei nº 9.096/1995 deve ser em nível grave, que possa afetar o exercício de seus direitos estatutários, legais ou seu patrimônio político, deve ser pessoal e ter o caráter político. Portanto, relegar o filiado à situação de excluído de fato, sem o permitir participar de decisões ou usufruir dos mesmos direitos previstos a todos os filiados, pode ensejar a justa causa para a desfiliação, que não implica, portanto, na perda do mandato.

c) Mudança de partido efetuada durante o período de trinta dias que antecede o prazo de filiação exigido

em lei para concorrer à eleição, majoritária ou proporcional, ao término do mandato vigente

A hipótese de mudança de partido no período de trinta dias que antecede o prazo de filiação exigido em lei para concorrer à eleição já é conhecida como "janela partidária".

Nesse caso, considerando que em 04 de abril todos que desejam concorrer devem estar filiados a algum partido, contando-se o prazo de trinta dias a partir do imediato dia anterior ao do início desse prazo de filiação, ou seja 03 de abril, chegamos ao dia 05 de março como o primeiro dia em que os filiados detentores de mandato podem-se filiar a outro partido para concorrer às eleições, sem perder o mandato que já exercem.

Assim, a janela partidária vai de 05 de março a 03 de abril de 2020. Caso o interessado mude de partido na data de 04 de março (antes do prazo) ou 04 de abril (depois do prazo), estará fora da janela partidária, devido a que, no primeiro caso ainda não entrou no período de janela partidária e, no segundo caso, o dia 04 de abril não antecede o prazo de filiação, mas está dentro dele. O que significa dizer que, nessas duas hipóteses, o parlamentar não estará amparado pela justa causa e poderá perder o mandato em favor do suplente do partido.

Outra minúcia importante dessa justa causa é a de que o inciso III do art. 22-A considera a "mudança de partido" e não de desfiliação partidária como o marco fático. Portanto, para averiguar sobre a existência da justa causa não é a desfiliação do partido originário que deve ser verificada e sim a data da filiação ao novo partido, isso porque a simples desfiliação não caracteriza "mudança de partido", mas é apenas parte do procedimento.

Na realidade, tomado o inciso de forma estrita, até mesmo sem formalização imediata da desfiliação partidária poderá ser considerada a existência da mudança de partido, conforme está previsto no art. 22 da Lei nº 9.096/1995, ou seja, pela prevalência da filiação mais recente quando há coexistência de filiações partidárias.

Por fim, cabe ressaltar que desavenças e

desentendimentos pessoais entre parlamentar e membros do partido não são considerados como justa causa para desfiliação, devendo ocorrer de fato a mudança substancial ou desvio do programa partidário ou a discriminação política pessoal em nível grave. Deve-se observar inclusive que é necessário distinguir atos de oposição comuns ao debate político daquilo que pode ser entendido como discriminação pessoal. É o caso de membros de um partido que se colocam contrários à candidatura de um dos filiados, dentro do debate político interno, que não extrapola a indispensável convivência de ideias e opiniões contrapostas.

O seguinte Acórdão cujo processo teve como Relator o Ministro Marcelo Ribeiro exemplifica essa ideia de convivência de opiniões e disputa interna nos partidos:

> "[...]. Justa causa. Desfiliação partidária. Descaracterização. [...]. 3. A eventual resistência interna a futura pretensão de concorrer à prefeitura ou a intenção de viabilizar essa candidatura por outra sigla não caracterizam justa causa para a desfiliação partidária, pois a disputa e a divergência internas fazem parte da vida partidária. [...]." (Ac. de 10.6.2009 no RO nº 1.761, rel. Min. Marcelo Ribeiro.)

A existência de mesmos interesses e objetivos dos filiados de um partido não exclui, portanto, as divergências relacionadas à forma de proceder e às escolhas de candidatos em convenção partidária.

3.3 Outras situações de justa causa para desfiliação

Apesar de o parágrafo único do art. 22-A da Lei nº 9.096/1995 tratar como justa causa "somente" as hipóteses nele previstas, o que caracterizaria a lista como *numerus clausus*, ou seja, número fechado de ocorrências, há duas outras hipóteses em que está presente a justa causa na desfiliação partidária, impedindo a perda do mandato.

No primeiro caso, a justa causa foi criada a partir da Emenda Constitucional nº 97/2017, a qual acrescentou o § 5º ao art. 17 da CF/88, nos seguintes termos:

> § 5º Ao eleito por partido que não preencher os requisitos previstos no § 3º deste artigo é assegurado o mandato e facultada a filiação, sem perda do mandato, a outro partido que os tenha atingido, não sendo essa filiação considerada para fins de distribuição dos recursos do fundo partidário e de acesso gratuito ao tempo de rádio e de televisão.

O § 3º do art. 17 estabelece as regras para que os partidos tenham direito ao fundo partidário, considerando a quantidade mínima de Deputados Federais eleitos pelo partido. Caso um candidato seja eleito Deputado Federal por um partido que não atingiu a quantidade mínima de deputados prevista no § 3º, o eleito poderá se filiar a outro partido que tenha atingido a quantidade mínima, sem perder o mandato.

A segunda hipótese de justa causa decorre de uma decisão liminar na ADI 5.398/DF, a qual determinou a devolução do prazo integral de trinta dias para detentores de mandatos eletivos se filiarem aos novos partidos registrados no TSE imediatamente antes da entrada em vigor da Lei nº 13.165/2015.

Portanto, tem alcance limitado e não desconstitui as demais hipóteses previstas no art. 22-A da Lei nº 9.096/1995.

Segue a ementa da ADI 5.398/DF:

> Ementa: DIREITO ELEITORAL. AÇÃO DIRETA DE INCONSTITUCIONALIDADE. LEI Nº 13.165/2015. EXCLUSÃO DA CRIAÇÃO DE PARTIDO NOVO COMO HIPÓTESE DE JUSTA CAUSA PARA DESFILIAÇÃO PARTIDÁRIA. PLAUSIBILIDADE JURÍDICA DA ALEGAÇÃO DE VIOLAÇÃO À LEGÍTIMA EXPECTATIVA DE

> PARTIDOS CRIADOS ATÉ A DATA DA ENTRADA EM VIGOR DA LEI. PERICULUM IN MORA CONFIGURADO. MEDIDA CAUTELAR DEFERIDA AD REFERENDUM DO PLENÁRIO. 1. O artigo 22-A da Lei nº 9.096/1995, introduzido pela Lei nº 13.165, de 29 de setembro de 2015 (minirreforma eleitoral de 2015), excluiu, a contrario sensu, a criação de nova legenda como hipótese de justa causa para a desfiliação, sem perda de mandato por infidelidade partidária. 2. Forte plausibilidade jurídica na alegação de inconstitucionalidade, por violação ao princípio da segurança jurídica, da incidência da norma sobre os partidos políticos registrados no TSE até a entrada em vigor da Lei nº 13.165/2015, cujo prazo de 30 dias para as filiações de detentores de mandato eletivo ainda estava transcorrendo. 3. (...) A norma inviabiliza a imediata migração de parlamentares eleitos aos partidos recém fundados e, assim, impede que estes obtenham representatividade, acesso proporcional ao fundo partidário e ao tempo de TV e rádio (cf. julgamento das ADIs 4.430 e 4.795). 4. Concessão de medida cautelar, ad referendum do Plenário, para determinar a devolução do prazo integral de 30 (trinta) dias para detentores de mandatos eletivos filiarem-se aos novos partidos registrados no TSE imediatamente antes da entrada em vigor da Lei nº 13.165/2015.

Por outro lado, a Resolução TSE nº 22.610/2007, que regulava a matéria até entrar em vigor a Lei nº 13.165/2015, previa ainda como justa causa a incorporação ou fusão do partido, hipótese que deixou de existir, pois, nessas situações, há necessidade de comprovar que trouxe alterações, como a adoção de novo estatuto com regras opostas às do estatuto originário, por exemplo, que implicam em mudança substancial ou desvio reiterado do programa partidário. A simples fusão ou incorporação que mantém íntegra a substância original e não implique desvio reiterado do programa partidário, por si, não é causa suficiente a permitir que um filiado parlamentar deixe a agremiação sem a perda do mandato.

3.4 Infidelidade partidária dos eleitos pelo sistema majoritário

No caso dos eleitos pelo sistema majoritário[1], não há perda de mandato por infidelidade partidária, conforme decisão do TSE:

> "[...] 2. Na linha da jurisprudência do STF 'a perda do mandato em razão da mudança de partido não se aplica aos candidatos eleitos pelo sistema majoritário, sob pena de violação da soberania popular e das escolhas feitas pelo eleitor' (ADI nº 5.081/DF, rel. Min. Roberto Barroso, julgada em 27.5.2015). (Ac. de 3.3.2016 no AgR-Pet nº 5957, rel. Min. Gilmar Mendes.)

Argumenta-se (Portela, 2017), entretanto, se na escolha proporcional não haveria também a presença da soberania popular, o que tornaria injustificável o tratamento diferenciado para os cargos majoritários e proporcionais.

No entanto, o entendimento que prevalece é o de que a escolha do representante majoritário é feita de forma personalíssima e no sistema proporcional, não obstante haver a votação nominal em determinado candidato, o mandato pertence ao partido e o voto na legenda, sem indicação de candidato específico, também promove a eleição dos representantes do partido.

Por outro lado, apesar de não haver a perda do mandato

---

1 São eleitos pelo sistema majoritário o Presidente da República, Governadores, Prefeitos e Senadores.

no caso de infidelidade partidária do eleito no sistema majoritário, isso não significa que o mandatário não esteja sujeito a alguma sanção do partido originário, como a de ficar impedido de retornar a mesma agremiação por determinado período, o que é parte da disciplina partidária.

3.5 Fidelidade e disciplina partidárias

O Capítulo V da Lei nº 9.096/1995 trata especificamente da fidelidade partidária, nos arts. 23 a 26, e traz situações que protegem os filiados de arbitrariedades, além de estabelecer regras sobre conduta dos parlamentares e penalidades que podem ser previstas nos estatutos dos partidos.

Em primeiro lugar, o art. 23 estabelece a necessidade de apuração da responsabilidade por violação dos deveres partidários, garantindo-se ao acusado o amplo direito de defesa. Além disso, qualquer medida disciplinar ou punição imposta ao filiado deve estar prevista no estatuto do partido.

Essas duas exigências legais impedem que os filiados sofram medidas disciplinares e punições arbitrárias, preservando o direito de defesa e o conhecimento prévio das sanções que lhes podem ser impostas pelo partido.

Os arts. 24 e 25 da Lei nº 9.096/1995 tratam do comportamento do integrante da bancada, que deve subordinar sua ação parlamentar aos princípios doutrinários e programáticos e às diretrizes estabelecidas pelos órgãos de direção partidários, na forma do estatuto, além da possibilidade de previsão no estatuto de medidas disciplinares de caráter partidário e normas sobre penalidades aplicáveis aos parlamentares, tais como o desligamento temporário da bancada, suspensão do direito do voto nas reuniões internas ou perda de todas as prerrogativas, cargos e funções que exerça em decorrência da representação e da proporção partidária, na respectiva Casa Legislativa, não se tratando aqui, portanto, diretamente de perda de mandato eletivo, mas sim de disciplina partidária.

A função ou cargo exercido pelo parlamentar na casa Legislativa pode inclusive ser perdido de forma automática, isto é, sem necessidade de previsão estatutária, quando o parlamentar deixa a legenda pela qual foi eleito, mesmo porque não teria sentido continuar exercendo tais funções ou cargos que existem em virtude da proporção partidária.

3.6 Responsabilização de candidatos e partidos por atos ilícitos

Consta da legislação uma importante regra de responsabilização por atos ilícitos que envolvem partidos e candidatos.

No que diz respeito às coligações para concorrer ao cargo de prefeito, o § 5º do art. 6º da Lei nº 9.504/1997 prevê que a responsabilidade pelo pagamento de multas decorrentes de propaganda eleitoral é solidária entre os candidatos e os respectivos partidos. Isso significa que, dentro de uma coligação, as multas impostas em razão da propaganda eleitoral são de responsabilidade apenas do candidato e de seu partido, não alcançando, portanto, outros partidos integrantes da coligação.

Já o § 11 do art. 96 da Lei nº 9.504/1997, incluído pela Lei nº 13.165/2015, determina que as sanções aplicadas a candidato em razão do descumprimento de disposições da Lei nº 9.504/1997 não se estendem ao respectivo partido.

A única hipótese em que tais sanções alcançam também o partido político ocorre quando estiver comprovada a participação do próprio partido. Caso não haja a comprovação da participação do partido, mesmo na hipótese de este ter se beneficiado da conduta, não será alcançado pela sanção imposta ao candidato.

Capítulo 4

Condições de Elegibilidade

O § 3º do art. 14 da CF/88 traz as seguintes condições de elegibilidade, limitando a capacidade eleitoral passiva, ou seja, o direito de ser votado (*jus honorum*): a nacionalidade brasileira, o pleno exercício dos direitos políticos, o alistamento eleitoral, o domicílio eleitoral na circunscrição, a filiação partidária e a idade mínima para cada cargo eletivo.

No caso da nacionalidade brasileira, apenas os cargos de Presidente e Vice-Presidente da República não podem ser exercidos por brasileiros naturalizados, de acordo com o inciso I do § 3º do art. 13 da CF/88, ou seja, estes são inelegíveis para Presidente e Vice-Presidente da República.

O pleno exercício dos direitos políticos corresponde à situação pessoal daquele que não está sofrendo alguma sansão imposta pela lei que afete esse exercício dos direitos políticos, como a não quitação eleitoral relativa à exigência do voto ou a existência de condenação criminal transitada em julgado, ou ainda quando se encontrar na situação de conscrito, em que o alistamento eleitoral é vetado pelo § 2º do art. 14 da CF/88.

O alistamento eleitoral, que é obrigatório aos maiores de 18 e menores de 70 anos, é necessário para que a pessoa participe ativa e legitimamente da vida política do país, inclusive para poder filiar-se a partido político. Não se encontrando alistada, a pessoa não tem como exercer plenamente os direitos políticos, sendo a filiação partidária vetada nessa situação; no entanto, mesmo estando alistado e em pleno exercício dos direitos políticos, caso não se encontre filiado a partido político, estará sem a condição de elegibilidade correspondente.

Em 2017, a Lei nº 13.488/2017 unificou os prazos exigidos para filiação partidária e domicílio eleitoral para seis meses antes do pleito. Portanto, para quem deseja concorrer aos cargos eletivos é necessário providenciar sua filiação partidária e ter domicílio eleitoral na circunscrição de pelo menos 6 meses antes do pleito, do contrário, não terá essas condições de elegibilidade atendidas.

No que se refere à circunscrição necessária do domicílio eleitoral, o interessado a concorrer aos cargos de Presidente ou Vice-Presidente da República pode ter domicílio em qualquer local do país. Já para Deputados Estadual e Federal e para Senador, a circunscrição é o Estado. E para concorrer às eleições de Prefeito, Vice-Prefeito e Vereador, o interessado deve possuir domicílio eleitoral no respectivo município.

A idade mínima também deve ser alcançada para que o cidadão concorra aos cargos públicos, conforme previsto na alínea "a" do § 3º do art. 14 da CF/88:

> a) trinta e cinco anos para Presidente e Vice-Presidente da República e Senador;
>
> b) trinta anos para Governador e Vice-Governador de Estado e do Distrito Federal;
>
> c) vinte e um anos para Deputado Federal, Deputado Estadual ou Distrital, Prefeito, Vice-Prefeito e juiz de paz;
>
> d) dezoito anos para Vereador.

O TSE sedimentou o entendimento de que a idade mínima necessária deve ser atingida na data da posse no cargo público:

> "[...] Registro de candidato. Deputado estadual. Condição de elegibilidade. Art. 14, § 3º, VI, da Constituição Federal. Idade mínima. Ausência. [...] 4. Indefere-se pedido de registro de candidato que não possui, na data da posse, a idade mínima para o cargo que pretende disputar, por ausência da

> condição de elegibilidade prevista no art. 14, § 3º, VI, da Constituição Federal. [...]" (Ac. de 29.8.2006 no ARO nº 911, rel. Min. Marcelo Ribeiro.)

Por fim, a alteração realizada no § 2º do art. 11 da Lei nº 9.504/1997 pela Lei nº 13.165/2015 deixou claro que a verificação da idade mínima ocorre realmente na data da posse, exceto para o cargo de Vereador, para o qual o interessado deve ter 18 anos na data-limite para o pedido de registro de candidatura que ocorre até 15 de agosto do ano eleitoral.

Capítulo 5

INELEGIBILIDADE

5.1 Inelegibilidades previstas na Constituição

As inelegibilidades constitucionais são encontradas nos §§ 4º ao 7º do art. 14 da CF/88 e correspondem às seguintes situações:

a) os inalistáveis e os analfabetos

Inalistáveis são aqueles que não podem realizar o alistamento eleitoral, seja por não ter a idade mínima, seja por outra circunstância, como a do jovem no serviço militar obrigatório.

No caso do analfabeto, surge a questão da aferição da alfabetização do pretendente à candidatura, que pode ser feita de forma documental, mas também através de teste, e sempre deve ser realizada tal comprovação com o menor rigor possível, por qualquer meio hábil, sem constrangimento e de forma a beneficiar o candidato, de acordo com o TSE:

> "Direito eleitoral e constitucional. Recurso ordinário. Eleições 2018. Inelegibilidade. Analfabetismo. Deficiente visual. Art. 14, § 4º, da Constituição Federal. Interpretação restritiva. Direito fundamental à elegibilidade. Provimento. [...] 4. As causas de inelegibilidade, dentre as quais se inclui o analfabetismo previsto no art. 14, § 4º, da CF/1988, devem ser interpretadas restritivamente. [...] 6. A aferição da alfabetização deve ser feita com o menor rigor possível. Sempre que o candidato possuir capacidade mínima de escrita e leitura, ainda que de forma rudimentar, não poderá ser considerado

> analfabeto para fins de incidência da inelegibilidade em questão. 7. Além disso, deve-se admitir a comprovação dessa capacidade por qualquer meio hábil. O teste de alfabetização, contudo, somente pode ser aplicado: (i) sem qualquer constrangimento; e (ii) de forma a beneficiar o candidato, suprindo a falta de documento comprobatório, vedada a sua utilização para desconstituir as provas de alfabetização apresentadas. 8. No caso, o candidato, com deficiência visual adquirida, comprovou sua alfabetização por meio de declaração de escolaridade de próprio punho, firmada na presença de servidor da Justiça Eleitoral. Ficou demonstrado, portanto, que possui capacidade mínima de leitura e escrita. 9. Não há que se exigir alfabetização em braille de candidato deficiente visual para fins de participação no pleito. Para promover o acesso das pessoas com deficiência aos cargos eletivos, deve-se aceitar e facilitar todos os meios, formas e formatos acessíveis de comunicação, à escolha das pessoas com deficiência.[...]" (Ac de 18.9.2018 no RO 060247518, rel. Min. Luís Roberto Barroso)

A apresentação de documentação comprobatória exclui a possibilidade de realização do teste de alfabetização, já que a regra é possibilitar a prova da situação ao interessado "por qualquer meio" e que o teste é realizado para suprir a falta de documento comprobatório.

No caso em que se verifique algum indício consistente de irregularidade com o documento apresentado, ensejando inclusive a ocorrência de crime, e não haja outro, poderá ser aplicado o teste, contanto que não implique constrangimento e que seja realizado de forma a beneficiar o candidato.

Existe também a possibilidade de a prova de alfabetização ser suprida por declaração de próprio punho preenchida pelo interessado, em ambiente individual e reservado, na presença de servidor de qualquer Cartório

Eleitoral do território da circunscrição em que o candidato disputa o cargo.

b) proibição da segunda reeleição

Para os cargos do Poder Executivo, em todos os níveis, seja o de Presidente da República, de Governador de Estado e do Distrito Federal, até o de Prefeito, só pode haver reeleição para um único período subsequente.

Trata-se, portanto, de inelegibilidade relativa, posto que só é aplicável ao mesmo cargo ao qual o reeleito está exercendo, inclusive para o de vice, pois este exerce o cargo objeto direto da inelegibilidade.

Por sua vez, o vice também se torna inelegível, caso haja substituição nos seis meses que antecedem o novo pleito, de acordo com decisão do TSE:

> "Eleições 2012. Registro de candidatura. Prefeito. Substituição eventual. Inelegibilidade. Art. 14, § 5º, da CF. Não caracterização. Contas de gestão. Parecer prévio pela rejeição. Ausência de manifestação da câmara municipal. Órgão competente. Ação ordinária. Antecipação de tutela. Deferimento. Inelegibilidade. Art. 1º, I, g, da LC n. 64/1990. Afastada. Recurso especial desprovido. 1. A substituição eventual do chefe do Executivo Municipal pelo vice-prefeito não atrai a inelegibilidade do art. 14, § 5º, da CF, desde que não ocorra nos seis meses que antecedem o novo pleito. [...]" (Ac. de 17.12.2012 no REspe nº 16357, rel. Min. Luciana Lóssio.)

Sendo assim, após a reeleição, o chefe do Executivo torna-se inelegível para o mesmo cargo, assim também quem os houver sucedido, ou substituído no curso dos mandatos.

Em artigo de 2014, o atual Ministro do Supremo Alexandre de Moraes (MORAES, 2014) defendia:

> (...) o posicionamento de inexistir dúvida quanto à possibilidade dos vice-presidentes, vice-governadores e vice-prefeitos, candidatarem-se ao cargo de Chefe do Executivo, para o período subsequente, independentemente de terem ou não substituído ou sucedido o presidente, governador ou prefeito, no curso de seus mandatos.

Entendia ainda que era diversa a hipótese do vice-presidente, vice-governadores e vice-prefeitos que assumirem efetivamente o cargo de titular do Poder Executivo, em face de sua vacância definitiva, e afirmava que:

> Nesse caso, para fins de reeleição, deverão ser considerados como exercentes – *de forma efetiva e definitiva* – do cargo de presidente, governador ou prefeito, podendo somente candidatar-se a um único período subsequente.

Portanto, parece que é bastante relevante a questão de a substituição pelo vice ser eventual ou realizada de forma efetiva e definitiva.

Até mesmo no caso de eleição para terceiro mandato de prefeito de pessoas do mesmo grupo familiar, o TSE decidiu pela sua impossibilidade, em 2017, nos seguintes termos:

> "Eleições 2016. Agravo regimental em recurso especial. Indeferimento de registro de candidatura a prefeito pelas instâncias ordinárias. Incidência dos §§ 5º e 7º do art. 14 da CF. Hipótese em que a candidata que objetivava a reeleição para prefeita em 2016, elegeu-se em 2012, para a legislatura 2013-2016, após a renúncia dentro dos 6 meses anteriores ao pleito do ex-prefeito, seu marido, que foi eleito prefeito para a legislatura 2009-2012, conforme dispõe o art. 14, § 7º, da CF. Configuração de terceiro mandato pelo mesmo grupo familiar [...] 1. O TRE da Bahia manteve o

> indeferimento do Registro de Candidatura de candidata que pretendia a reeleição para a legislatura 2017-2020, a qual fora eleita em 2012 para o cargo de Prefeita do Município de Jeremoabo/BA, para a legislatura 2013-2016, após seu cônjuge ter renunciado ao cargo de Prefeito do mesmo município em 4.4.2012, cargo para o qual foi eleito em 2008 para a legislatura 2009-2012, ao fundamento de que o exercício de terceiro mandato consecutivo pelo mesmo grupo familiar é constitucionalmente vedado. 2. O § 5º do art. 14 da CF veda o exercício do terceiro mandato consecutivo pelo mesmo grupo familiar [...] 3. Decisão agravada alicerçada em fundamentos idôneos. Argumentos inaptos para modificá-la [...]" (Ac. de 3.10.2017 no AgR-REspe nº 24294, rel. Min. Napoleão Nunes Maia Filho, no mesmo sentido o Ac de 24.11.2016 no REspe nº 11130, rel. Min. Henrique Neves.)

Por outro lado, no caso de candidato eleito que não é empossado, não há ocorrência de inelegibilidade para o mesmo cargo, conforme decisão do Ministro Ayres Britto:

> "[...] Vice-prefeito eleito para o período de 2000 a 2004 e reeleito para o período de 2004 a 2008. Diplomado apenas na 1ª eleição, mas não empossado em nenhum dos pleitos. Ausência de impedimento à nova candidatura. 1. Pode candidatar-se a vice-prefeito o candidato que, eleito para o mesmo cargo nas duas eleições anteriores, não foi empossado em nenhuma delas. [...]" (Res. nº 22.767, de 17.4.2008, rel. Min. Carlos Ayres Britto.)

O que significa que após o recebimento do diploma, até o momento da efetivação da posse, não está o eleito atingido pela inelegibilidade referente à reeleição.

No entanto, a possibilidade do chamado "prefeito itinerante", aquele que tenta se candidatar em outro município diverso do qual exerceu dois mandatos consecutivos, não tem sustentação legal, sendo assim inelegível para qualquer município do país o prefeito que exerceu o mandato sucessivamente em qualquer deles ou entre eles, de acordo com o TSE:

> "[...] Recurso contra a expedição de diploma. 'Prefeito itinerante'. Exercício consecutivo de mais de dois mandatos de chefia do executivo em municípios diferentes. Impossibilidade. Desprovimento. 1. Ainda que haja desvinculação política, com a respectiva renúncia ao mandato exercido no município, antes de operar-se a transferência de domicílio eleitoral, não se admite a perpetuação no poder, somente sendo possível eleger-se para o cargo de prefeito por duas vezes consecutivas, mesmo que em localidades diversas, tendo em vista o princípio constitucional republicano. 2. Ressalva pessoal do ponto de vista do Relator. [...]" (Ac. de 25.11.2010 no AgR-AI nº 11539, rel. Min. Marcelo Ribeiro.)

Assim também o Acórdão do Recurso Especial Eleitoral nº 32.507/AL, em que se afirma fraudulenta a transferência de domicílio eleitoral de um para outro município, de modo a não caracterizar a inelegibilidade relativa à reeleição.

c) não renúncia a cargo no período de seis meses do pleito

O § 6º do art. 14 da CF/88 prevê que:

> Para concorrerem a outros cargos, o Presidente da República, os Governadores de Estado e do Distrito Federal e os Prefeitos devem renunciar aos

respectivos mandatos até seis meses antes do pleito.

É o caso, por exemplo, do prefeito que pretende concorrer à Assembleia Legislativa. Caso não renuncie no período anterior a seis meses das eleições, torna-se inelegível para essas eleições.

d) inelegibilidade de cônjuge e parentes

A inelegibilidade de cônjuge ou parentes tem a finalidade de impedir as manobras políticas visando à perpetuação familiar no poder.

O § 7º do art. 14 da CF/88 prevê que são inelegíveis, no território de jurisdição do titular, o cônjuge e os parentes consanguíneos ou afins, até o segundo grau ou por adoção, do Presidente da República, de Governador de Estado ou Território, do Distrito Federal, de Prefeito ou de quem os haja substituído dentro dos seis meses anteriores ao pleito, salvo se já titular de mandato eletivo e candidato à reeleição.

O Ministro Edson Fachin[2], apreciando consulta sobre a possibilidade de o parente consanguíneo ou colateral de 2º grau de concorrer à eleição de cargo vago após o prefeito reeleito ter seu mandato cassado, afirmou que o tema não suscita dúvidas, pois encontra-se pacificado de acordo com a Súmula nº 6 do TSE.

De acordo com essa Súmula, a única possibilidade de cônjuge ou parente concorrerem fica por conta de quando o titular do mandato for reelegível e venha a falecer, renuncie ou se afaste definitivamente do cargo até seis meses antes do pleito. Portanto, não pode um parente do titular concorrer,

---

2 TSE. TSE reafirma inelegibilidade de cônjuge e parentes para sucessão do titular de cargo de chefe do Executivo. Acessível em: http://www.tse.jus.br/imprensa/noticias-tse/2019/Agosto/tse-reafirma-inelegibilidade-de-conjuge-e-parentes-para-sucessao-do-titular-de-cargo-de-chefe-do-executivo

mesmo que a vacância decorra de cassação do mandato e a eleição seja suplementar.

5.2 Inelegibilidades infraconstitucionais

A previsão de Lei Complementar para estabelecer outros casos de inelegibilidade está no § 9º do art. 14 da CF/88, o qual define como objetivo da norma proteger a probidade administrativa, a moralidade para exercício de mandato considerada vida pregressa do candidato, e a normalidade e legitimidade das eleições contra a influência do poder econômico ou o abuso do exercício de função, cargo ou emprego na administração direta ou indireta.

Em 1990, com o objetivo de regulamentar esse § 9º, foi publicada a LC nº 64/1990, que trata, portanto, das inelegibilidades. Posteriormente, diante do clamor popular, após situações de exercentes de cargos públicos eletivos com qualificações não muito recomendáveis continuarem a concorrer nas eleições, houve a alteração da LC nº 64/1990, pela chamada Lei da Ficha Limpa (LC 135/2010), passando a existir outros casos de inelegibilidade.

O fato é que a LC nº 64/1990 prevê diversos casos de inelegibilidades para quaisquer cargos e outros para cargos específicos.

No que se refere às inelegibilidades para quaisquer cargos, há longa lista no inciso I do art. 1º, que trata de situações relacionadas ao exercício de determinados cargos, ao abuso do poder econômico e político, à existência de condenação criminal com trânsito em julgado ou proferida por órgão judicial colegiado, às condenações por corrupção eleitoral ou por captação ilícita de sufrágio, aos excluídos do exercício de profissão, os demitidos do serviço público ou os declarados indignos do oficialato, entre outras situações.

Nos incisos seguintes do art. 1º, a LC nº 64/1990 traz os casos de inelegibilidade para cargos específicos, ou seja, para Presidente e Vice-Presidente da República, para Governador e Vice-Governador de Estado e do Distrito Federal, para Prefeito e Vice-Prefeito, para o Senado Federal, para a Câmara dos

Deputados, Assembleia Legislativa e Câmara Legislativa e para a Câmara Municipal.

No caso dos cargos de Prefeito e Vice-Prefeito, existem três hipóteses de inelegibilidade:

> a) no que lhes for aplicável, por identidade de situações, os inelegíveis para os cargos de Presidente e Vice-Presidente da República, Governador e Vice-Governador de Estado e do Distrito Federal, observado o prazo de quatro meses para a desincompatibilização;
>
> b) os membros do Ministério Público e Defensoria Pública em exercício na Comarca, nos quatro meses anteriores ao pleito, sem prejuízo dos vencimentos integrais;
>
> c) as autoridades policiais, civis ou militares, com exercício no Município, nos quatro meses anteriores ao pleito.

Já no caso do cargo de Vereador, são duas as hipóteses de inelegibilidade:

> a) no que lhes for aplicável, por identidade de situações, os inelegíveis para o Senado Federal e para a Câmara dos Deputados, observado o prazo de 6 (seis) meses para a desincompatibilização;
>
> b) em cada Município, os inelegíveis para os cargos de Prefeito e Vice-Prefeito, observado o prazo de 6 (seis) meses para a desincompatibilização.

5.3 Preclusão relativa às inelegibilidades

Quando se trata de inelegibilidade que tem previsão infraconstitucional, caso não seja arguida no registro de candidatura, haverá preclusão, decaindo o direito de alegar esse motivo de inelegibilidade. Já quando se trata de inelegibilidade constitucional, esta segue a exceção do art. 259, *caput*, da Lei nº 4.737/1997, não ocorrendo preclusão.

Entretanto, o recurso em que se discutir matéria constitucional não poderá ser interposto fora do prazo e só em outra fase que se apresentar poderá ser interposto recurso, conforme o parágrafo único do artigo supracitado.

Há a possibilidade também de alegar a inelegibilidade superveniente, isto é, aquela cujo fato motivador foi conhecido apenas depois do registro de candidatura ou na ocorrência de trânsito em julgado de condenação penal entre a data do final do registro e a do dia da eleição.

5.4 Desincompatibilização

As situações que necessitam de desincompatibilização do pretendente a candidato são inúmeras e em alguns casos dependem do teor das decisões do TSE.

A desincompatibilização pode ser definida como o afastamento compulsório daquele que exerce um cargo público, em um determinado prazo antes da data das eleições, para que possa concorrer ao cargo eletivo. Portanto, a desincompatibilização corresponde ao ato de evitar a ocorrência de determinada causa de inelegibilidade.

Há, ainda, definição em sentido estrito, conforme decisão do TSE:

> NE: "[...] a desincompatibilização, stricto sensu, é denominação que se deve reservar ao afastamento definitivo, por renúncia, a exoneração, dispensa ou aposentadoria, do mandato eletivo, cargo ou emprego público gerador de inelegibilidade [...]." (Ementa não transcrita por não reproduzir a decisão quanto ao tema). (Res. n° 18.019, de 2.4.92, rel. Min. Sepúlveda Pertence.)

É importante notar que o afastamento também pode ser

temporário, quando se tratar de servidor concursado, por exemplo, o qual poderá retornar ao cargo de origem.

O sentido da existência das desincompatibilizações é de cunho ético, pois visa a impedir que o agente público se utilize do serviço público para se beneficiar em campanha, como também possui um sentido democrático, pois tenta tornar a disputa mais igualitária, entre aquele que exerce o cargo público e os demais candidatos.

Com as alterações trazidas pela Lei nº 13.165/2015 em relação às datas das convenções partidárias, o prazo de desincompatibilização ficou distante da data de escolha dos candidatos pelos partidos, o que não impede que o servidor requeira sua licença, cuja continuidade dependerá da sua efetiva escolha na convenção partidária. Vejamos a Resolução TRE-RO nº 22/2016 como exemplo:

> (...) Tendo em vista que o prazo de desincompatibilização não se coaduna com a data de realização das Convenções Partidárias, não seria razoável admitir que o pretenso candidato seja prejudicado, na medida em que não tem como demonstrar que seu nome foi aprovado em Convenção Partidária, posto que ainda não realizada. Assim, a mera apresentação de requerimento de afastamento é suficiente para a concessão da licença que se destina à desincompatibilização.
> Apesar de ser possível a concessão da licença com a mera apresentação do requerimento, a continuidade desta licença fica condicionada à aprovação do agente público como candidato na convenção partidária. (Resolução TRE/RO n. 22/2016 de 12 de maio de 2016. Consulta nº 34-95.2016.622.0000 - Classe 10 - Relator: Des. Walter Waltenberg Silva Junior.)

Portanto, o afastamento fica garantido, mesmo que inicialmente não apresente qualquer documentação de escolha para candidatura. E isso ocorre até a convenção, quando deve juntar a seu pedido de afastamento a prova de que foi escolhido pelo partido, para continuar em licença. O prazo é o da data da convenção e não o do registro de candidatura, já que o registro indeferido pelo Juiz Eleitoral não impede que o requerente realize sua campanha *sub judice*, utilizando-se dos procedimentos recursais.

Por fim, cabe ressaltar que a alteração da data das eleições através da Emenda Constitucional 107 não promoveu a reabertura dos prazos de desincompatibilização já vencidos.

Capítulo 6

Convenções Partidárias

6.1 Alterações das normas de convenção partidária

A Lei nº 13.165/2015 também trouxe alterações relacionadas às convenções partidárias.

No que se refere ao período de realização das convenções de escolha de candidatos e deliberação sobre coligação, que ocorriam de 10 a 30 de junho do ano eleitoral, passou a ter seu período modificado para 20 de julho a 05 de agosto, devido à redução do período de campanha eleitoral.

Entretanto, com a Emenda Constitucional 107, em 2020, as convenções partidárias tiveram nova alteração nas dadas, passando para o período de 31 de agosto a 16 de setembro.

Além disso, a Lei nº 13.165/2015 também alterou o procedimento com a ata da convenção partidária, a qual deve ser lavrada em livro aberto, rubricado pela Justiça Eleitoral, e publicada em vinte e quatro horas em qualquer meio de comunicação.

Cabe ressaltar que a aprovação pelo TSE em 04 de julho da nova modalidade de realização das convenções, possibilitando a reunião on-line, exigiu a regulamentação também da prova de autenticidade da ata das convenções e de outros pontos relacionados à convenção virtual. Sendo assim, o TSE aprovou em 30 de junho resolução específica que torna o módulo externo do Sistema de Candidaturas (CANDex) em livro-ata da convenção virtual, no qual são registradas diretamente na ferramenta as informações relativas à ata e à lista dos presentes.

O fato é que a cadeia de verificações de segurança do Sistema CAND o torna capaz de reconhecer a autenticidade de quaisquer dados digitados no seu modulo externo usado pelos partidos, o que supre a rubrica do livro-ata pela Justiça Eleitoral.

6.2 As candidaturas natas

De acordo com o constante no § 1º do art. 8º da Lei nº 9.504/1997, os detentores de mandato de Deputado Federal, Estadual ou Distrital, ou de Vereador, e os que tenham exercido esses cargos em qualquer período da legislatura que estiver em curso têm assegurado o registro de candidatura para o mesmo cargo pelo partido a que estejam filiados, o que significa que, mesmo não constando em ata a escolha de determinado candidato nas condições de detentores de mandato ou que tenha exercido o cargo na legislatura, este teria direito ao seu registro.

No entanto, o STF, no julgamento de cautelar na Ação Direta de Inconstitucionalidade nº 2.530/DF, decidiu suspender a eficácia do § 1º do art. 8º da Lei nº 9.504/1997, conforme segue:

> DIREITO CONSTITUCIONAL E ELEITORAL: CANDIDATURA NATA. PRINCÍPIO DA ISONOMIA ENTRE OS PRÉ-CANDIDATOS. AUTONOMIA DOS PARTIDOS POLÍTICOS. AÇÃO DIRETA DE INCONSTITUCIONALIDADE DO PARÁGRAFO 1º DO ARTIGO 8º DA LEI Nº 9.504, DE 30 DE SETEMBRO DE 1997, SEGUNDO O QUAL: "§ 1º - AOS DETENTORES DE MANDATO DE DEPUTADO FEDERAL, ESTADUAL OU DISTRITAL, OU DE VEREADOR, E AOS QUE TENHAM EXERCIDO ESSES CARGOS EM QUALQUER PERÍODO DA LEGISLATURA QUE ESTIVER EM CURSO, É ASSEGURADO O REGISTRO DE CANDIDATURA PARA O MESMO CARGO PELO PARTIDO A QUE ESTEJAM FILIADOS". ALEGAÇÃO DE OFENSA AOS ARTIGOS 5º, "CAPUT", E 17 DA CONSTITUIÇÃO FEDERAL.

> PEDIDO DE MEDIDA CAUTELAR DE SUSPENSÃO DA NORMA IMPUGNADA. PLAUSIBILIDADE JURÍDICA DA AÇÃO, RECONHECIDA, POR MAIORIA (8 VOTOS X 1), SENDO 3, COM BASE EM AMBOS OS PRINCÍPIOS (DA ISONOMIA ART. 5º, "CAPUT" E DA AUTONOMIA PARTIDÁRIA ART. 17) E 5, APENAS, COM APOIO NESTA ÚLTIMA. "PERICULUM IN MORA" TAMBÉM PRESENTE. CAUTELAR DEFERIDA. (STF - ADI: 2530 DF, Relator: Min. SYDNEY SANCHES, Data de Julgamento: 24/04/2002, Tribunal Pleno, Data de Publicação: DJ 21-11-2003 PP-00007 EMENT VOL-02133-02 PP-00277)

Dessa forma, só poderão realizar o registro de candidatura aqueles que venham a ser escolhidos pelos respectivos partidos em convenção para esse fim.

Cabe ressaltar que a situação de impossibilidade de candidatura nata pode ser alterada futuramente, já que a ADI nº 2.530/DF ainda tramita no STF.

6.3 Coligações partidárias

A partir de 2020, começa a valer a regra que proíbe a formação de coligações partidárias nas eleições para vereadores. Anteriormente, podiam-se formar coligações com todos os partidos que compunham as coligações majoritárias (prefeito) ou de forma parcial. Era possível, portanto, que os partidos que formavam coligação para as eleições majoritárias se coligassem todos ou apenas parte deles.

Por exemplo, existindo coligação majoritária com três partidos, estes poderiam coligar, todos os três, em única coligação proporcional ou poderiam coligar apenas dois, ficando um dos partidos sem coligar, conforme pode ser visto no Quadro 1, no qual temos a comparação entre as possibilidades existentes em 2018 e em 2020.

Quadro 1: comparação das possibilidades de coligação para as eleições de 2018 e 2020.

Além das possibilidades de coligação, até 2018 também era possível que cada partido concorresse isoladamente para as eleições de vereador, mesmo existindo coligação para a eleição de prefeito.

A existência de coligação para disputa de cargos proporcionais possibilitava que um candidato forte de um partido ajudasse a eleição de candidato de outro partido componente da coligação, fato que favorecia os partidos menores e gerava certa confusão para o eleitorado, pois uma boa parte dos eleitores não sabia por que um candidato do partido A colaborou para eleger o candidato do partido B.

Portanto, o fim das coligações proporcionais desfavorece os pequenos partidos e diminui a influência dos chamados puxadores de votos. O fato é que os candidatos que tinham grande quantidade de votos conseguiam aumentar o quociente partidário da coligação, ajudando a eleger os componentes dessa coligação, independentemente do partido a que cada um pertencia. Agora, os puxadores de voto só conseguirão ajudar a eleger os candidatos dos seus próprios partidos.

O fim das coligações para as eleições proporcionais ocorreu devido à previsão expressa na Emenda Constitucional nº 97, de 2017, a qual deu a seguinte redação ao § 1º do art. 17 da CF/88, que segue grifado:

> § 1º É assegurada aos partidos políticos autonomia para definir sua estrutura interna e estabelecer regras sobre escolha, formação e duração de seus órgãos permanentes e provisórios e sobre sua organização e funcionamento e para adotar os critérios de escolha e o regime de suas coligações nas eleições majoritárias, **vedada a sua celebração nas eleições proporcionais**, sem obrigatoriedade de vinculação entre as candidaturas em âmbito nacional, estadual, distrital ou municipal, devendo seus estatutos estabelecer normas de disciplina e fidelidade partidária.

A vedação das coligações nas eleições proporcionais vai ter efeitos que poderão ser notados em 2020, para as eleições dos vereadores, e em 2022, para as eleições dos deputados federais e estaduais, resultando na alteração das estratégias relacionadas às filiações partidárias. Ou seja, acompanhando essa regra, os candidatos terão de fazer seu planejamento levando em conta a força de cada partido isoladamente.

Além disso, a própria forma como serão realizadas as coligações majoritárias terá sensível mudança. Isso se dará devido a que, para a eleição dos prefeitos, os partidos não levarão mais tanto em conta a influência da disposição dos partidos nas coligações majoritárias para as eleições dos vereadores.

Anteriormente, era bastante importante o apoio das coligações proporcionais para os candidatos a prefeito, sendo que, em diversas situações, a existência da coligação majoritária estava relacionada às vantagens que os partidos teriam ao se coligarem nas eleições proporcionais.

Portanto, é previsível que haja um menor número de coligações para as eleições de prefeito e um aumento na quantidade de candidatos para este cargo, se os partidos menores entenderem que é a melhor opção lançar candidato próprio ao cargo de prefeito e não apoiar uma candidatura de outro partido.

Pode-se observar, também, que haverá, como consequência, uma maior dificuldade para os partidos pequenos elegerem seus candidatos, especialmente quando juntas as regras do fim das coligações e da cláusula de desempenho.

6.4 Cota de candidaturas para mulheres

A importância da participação feminina nas eleições é inquestionável. Mas nem sempre as mulheres tiveram os mesmos direitos eleitorais que os homens, tendo conquistado, no Brasil, o direito ao voto em 1932, após uma luta pelo voto feminino que remonta ao tempo do Império.

Um marco importante dessa luta ocorreu em 1933, quando a médica Carlota Pereira de Queirós foi eleita como a primeira Deputada Federal brasileira, abrindo-se uma perspectiva positiva para o avanço da participação das mulheres.

Entretanto, apesar de o Brasil ter sido um dos primeiros países na América Latina a garantir o voto feminino, atualmente encontra-se na última colocação, na América do Sul, no que se refere à participação de mulheres no Congresso Nacional, tendo apenas 15% de mulheres Deputadas Federais e 14,8% de Senadoras. Além disso, em 2018, somente uma mulher foi eleita Governadora.

Dessa forma, foi necessário implementar algumas regras para permitir mudar essa realidade.

Uma delas consta do § 3° do art. 10 da Lei n° 9.504/1997, com redação alterada em 2009, conforme segue:

> Art. 10. Cada partido ou coligação poderá registrar candidatos para a Câmara dos Deputados, a Câmara Legislativa, as Assembleias

> Legislativas e as Câmaras Municipais no total de até 150% (cento e cinquenta por cento) do número de lugares a preencher, salvo: (...)
> § 3º Do número de vagas resultante das regras previstas neste artigo, cada partido ou coligação preencherá o mínimo de 30% (trinta por cento) e o máximo de 70% (setenta por cento) para candidaturas de cada sexo.

Como se pode observar, a regra é sábia ao estabelecer cotas mínimas e máximas de candidaturas, seja para mulheres ou homens, indistintamente, sem desconsiderar a igualdade existente entre ambos os sexos. Por isso, mais apropriado é considerar as cotas como de ambos os sexos que propriamente de mulheres.

No entanto, tais cotas têm promovido a participação feminina, uma vez que, historicamente, as mulheres pouco figuram como candidatas, havendo a participação maciça de homens.

Cabe ressaltar que a alteração do texto em 2009 trouxe uma novidade quanto à forma de considerar cumprida a regra do mínimo de cada sexo, uma vez que anteriormente falava-se em "reservar" vagas, sendo que a partir de 2009 passou a constar do texto legal o verbo "preencher". Essa simples mudança implica em que cada partido tem de ofertar obrigatoriamente o mínimo 30% de candidatos ou candidatas. Tal questão foi enfrentada pelo TSE já em 2010, no Recurso Especial Eleitoral Nº 784-32.2010.6.14.0000/PA, quando se decidiu que tal regra é de "observância irrecusável pelo partido ou coligação", devido à substituição do verbo "reservar" pelo "preencher".

Além disso, o mínimo de candidaturas deve ser calculado do número de candidatos realmente apresentado pelo partido, ou seja, o percentual calculado sobre as candidaturas efetivamente apresentadas e não as virtualmente possíveis.

Para entendermos melhor a regra, vamos a um exemplo bem simples:

Considerando que o número de vagas nas eleições para a Câmara de Vereadores de determinado município seja de 23 cadeiras, cada partido pode apresentar até 35 candidaturas, quantidade que corresponde ao arredondamento de 34,5 (correspondente a 150% do número de cadeiras).

Supondo que um partido apresente um total de 29 candidaturas, sendo 22 candidaturas masculinas e apenas 7 femininas, observa-se que não apresentou a quantidade mínima de candidaturas femininas, pois o total mínimo corresponde a 9 candidaturas femininas, resultante do cálculo de 30% de 29 candidaturas apresentadas.

Esse total mínimo de 9 candidaturas femininas corresponde ainda ao arredondamento da fração para o inteiro de 8,7 que é 30% de 29. Inclusive, o arredondamento, neste caso, sempre se dá para mais, considerando a necessidade de preservar o mínimo previsto na Lei nº 9.504/1997, mesmo constando regra genérica no § 4º do Art. 10 da mesma Lei que estipula desconsiderar a fração que seja inferior a meio.

Assim, conforme constante do Quadro 2: quantidade mínima de candidaturas por sexo, o partido deveria apresentar 9 candidaturas femininas e 20 masculinas, correspondentes ao cenário do Quadro 3: exemplo de aplicação da regra do § 3º do art. 10 da Lei nº 9.504/1997.

Cabe observar que, anteriormente, com a possibilidade das coligações, o número de possíveis candidaturas poderia chegar ao total de 200% do número de vagas para cada coligação e não 150%, conforme inciso II do art. 10 da Lei nº 9.504/1997.

Número de Candidaturas Apresentadas	Mínimo de 30% (30% de 29)	Restante das Vagas (Até 70% das vagas)
29	9	20

Quadro 2: quantidade mínima de candidaturas por sexo.

Número de Vagas	Número de Possíveis Candidaturas (150%)	Número de Candidaturas Apresentadas
23	35	29

Quadro 3: exemplo de aplicação da regra do § 3° do art. 10 da Lei n° 9.504/1997.

Isso significa dizer que todos os partidos que desejam ter candidatos concorrendo às câmaras de vereadores têm de cumprir a regra do mínimo de 30%, o que sem dúvida aumenta, na realidade, a participação feminina em cada partido, pois não poderão se valer da quantidade total de mulheres em uma coligação para apresentar menos que 30% de candidatas (ou candidatos) individualmente. Além disso, para fins de cálculo dessa cota mínima, será considerado o gênero declarado no Cadastro Eleitoral (Portaria Conjunta TSE n° 1/2018).

Segue ainda o exemplar voto do Ministro Arnaldo Versiane no Recurso Especial Eleitoral nº 784-32.2010.6.14.0000/PA:

> ELEITORAL E CONSTITUCIONAL - RECURSO ESPECIAL ELEITORAL - REGISTRO DE CANDIDATURA - COTAS DE GÊNERO - §3º, DO ART. 10 DA LEI Nº 9.504/97 - BASE DE CÁLCULO - PRINCÍPIO DA ISONOMIA ENTRE OS GÊNEROS - FORÇA NORMATIVA DA CONSTITUIÇÃO - BAIXA EM DILIGÊNCIA - RECURSO ESPECIAL PROVIDO.
>
> 1. O §3º, do art. 10 da Lei nº 9.504/97, insere-se no movimento dos direitos de gênero e encontra fundamento constitucional expresso no artigo 5º, inciso I. A busca pelo paritetismo entre homens e mulheres nas oportunidades de emprego, nas atividades econômicas e no plano jurídico deve alcançar o espaço sensível da divisão do poder político, como resultado de uma concepção pluralista e aberta do Estado brasileiro.
>
> 2. Não é adequado conceituar a regra do §3º, do

> art. 10 da Lei nº 9.504/97, como um mero programa, uma carta de princípios, capaz de sensibilizar as máquinas partidárias à admissão de mulheres nas listas de candidatos. Ainda que fosse norma programática, pela tipologia técnica, não seria destituída de eficácia. A sanção ao descumprimento das cotas de gênero está na impossibilidade de trânsito do registro de candidatura, que se deve ajustar aos percentuais de lei, por meio de baixa em diligência e uso analógico das regras de substituição de candidatos falecidos.
> 3. A nova redação do §3º, do art. 10 da Lei nº 9.504/97 substituiu os verbos reservar por preencher, o que alterou o núcleo da ação e deu às cotas de gênero o caráter de observância irrecusável pelo partido ou coligação.
> 4. O cálculo dos percentuais deve respeitar as candidaturas efetivas e não as virtuais. O comando do §3º, do art. 10 da Lei nº 9.504/97, é autônomo em relação a outros dispositivos que tratam do desprezo de frações no cociente para definição do percentual mínimo de cada gênero. O correto é o arredondamento para mais, de modo a que o piso mínimo - 30% - seja assegurado e a norma não tenha sua eficácia desmerecida por manobras ou burlas dos aparelhos partidários.
> 5. Deve-se calibrar a proporção entre os sexos e evitar distorções que, a cada situação concreta, podem gerar dúvidas e inseguranças para os candidatos, os partidos e coligações. Baixa do processo em diligência para que se ajustem os percentuais aos níveis mínimos da lei.
> Recurso especial eleitoral provido.

Por fim, os partidos ainda devem observar a regra da destinação de pelo menos 30% do Fundo Especial de Financiamento de Campanhas para as candidatas, o que proporciona uma divisão um pouco mais equilibrada dos recursos públicos nas campanhas entre homens e mulheres.

O Fundo Especial de Financiamento de Campanhas será discutido em capítulo próprio.

6.5 Proibição de candidaturas avulsas

A discussão sobre candidaturas avulsas não é nova e voltou ao cenário político após a tentativa de candidatura à prefeitura do Rio de Janeiro pelo advogado Rodrigo Mazzoni, em 2016.

De acordo com os argumentos desse pretendente à candidatura sem filiação a partido, a Constituição Federal de 1988 não proíbe expressamente a candidatura avulsa, pois "simplesmente diz que a filiação partidária é uma das condições de elegibilidade"[3]. Além disso, para os defensores das candidaturas sem partido, o Brasil, como signatário da Convenção Americana sobre os Direitos Humanos[4], deveria garantir de forma ampla os direitos políticos previstos na Convenção, nos seguintes termos:

> Artigo 23. Direitos políticos
>
> 1. Todos os cidadãos devem gozar dos seguintes direitos e oportunidades:
>
> a. de participar na direção dos assuntos públicos, diretamente ou por meio de representantes livremente eleitos;
>
> b. de votar e ser eleitos em eleições periódicas

---

[3] Almeida, Marco Rodrigo. Advogado vai ao STF defender liberação de candidatura sem partido. Folha de São Paulo, 04/10/2017. Acessível em: https://www1.folha.uol.com.br/poder/2017/10/1924068-advogado-vai-ao-stf-defender-liberacao-de-candidatura-sem-partido.shtml

[4] Convenção Americana sobre os Direitos Humanos. Assinada na Conferência Especializada Interamericana sobre Direitos Humanos, San José, Costa Rica, em 22 de novembro de 1969.

> autênticas, realizadas por sufrágio universal e igual e por voto secreto que garanta a livre expressão da vontade dos eleitores; e (...)

Dentre as argumentações contrárias às candidaturas avulsas, destacam-se algumas:

A grande quantidade de partidos atualmente no Congresso tem sido vista como um dos problemas para a governabilidade, o qual poderia ser agravado com a existência das candidaturas avulsas, devido ao fato de que as negociações para aprovação de normas no Legislativo faria com que o Executivo tivesse de discutir não apenas com partidos, mas também individualmente com os eleitos sem partido.

É interessante notar que um dos argumentos para adoção da candidatura avulsa, de acordo com o ACE Project[5], tem relação com a quantidade de partidos e a representação que eles proporcionam, já que, no sistema em que há apenas a possibilidade de candidatos filiados, uma boa parte dos votos dados aos partidos resultam em nenhum eleito para o Legislativo por diversas legendas. Nesse entendimento, isso seria um defeito de representatividade, o qual poderia ser minimizado com a existência das candidaturas independentes.

A candidatura avulsa possibilitaria ainda, segundo o ACE Project, maior representação de diversos grupos de interesse, contemplando maior participação de ideologias não alinhadas diretamente a partidos políticos.

O multipartidarismo, por sua vez, é considerado um fator de maior representatividade, mas que, de fato, pode dificultar, em alguns casos, tanto o entendimento do cidadão em relação a qual ideologia é defendida por essa ou aquela legenda, como também pode causar o citado problema de negociação para a governabilidade, mas não macula sua legitimidade como sistema adequado à representação democrática.

---

[5] ACE Project. Acessível em: http://aceproject.org/ace-en/topics/es/esa/esa01

Uma questão atual relacionada à viabilidade das candidaturas avulsas seria a da necessidade de diversas alterações na legislação eleitoral. E tais mudanças, que não seriam possíveis em um tempo muito curto, dependeriam de alterações também na Constituição Federal, relacionadas à exigência de filiação partidária como condição de elegibilidade, de acordo com o inciso V do § 3º do art. 14 da CF/88, como também em relação à utilização de recursos do fundo partidário e ao acesso gratuito à rádio e televisão, que só são possíveis aos partidos políticos, conforme disposto no § 3º do art. 17 da CF/88.

Outros problemas da existência de candidaturas avulsas estão relacionados à possibilidade de se personalizar a política em favor de candidatos ricos ou famosos e ou de favorecer o agravamento da crise pela qual passam os partidos.

O fato é que o TSE entende que a candidatura avulsa, dentro do sistema normativo atual, não se faz possível, considerando a necessidade de filiação partidária exigida no inciso V do § 3º do art. 14 da CF/88.

Além disso, o § 14 do art. 11 da Lei nº 9.504/1997 foi incluído em 2017, pela Lei nº 13.488/2017, para vedar expressamente a possibilidade de candidatura avulsa.

Por outro lado, algumas tentativas legislativas para tornar expressa a possibilidade de candidaturas avulsas também já foram realizadas, tais como Propostas de Emenda Constitucional (PEC) em 2011 e em 2015, no Senado, além da mais recente PEC 350/2017, na Câmara dos Deputados, mas todas foram rejeitadas.

Cabe observar ainda que a candidatura avulsa não significa que o pretendente não seja filiado a nenhum partido. Na realidade, a pessoa poderá até ser filiada a um partido, entretanto, caso não seja escolhida em convenção partidária, não poderá concorrer de forma avulsa, o que quer dizer concorrer sem participação do partido ao qual está filiado ou sem estar filiado a algum partido.

Ressalte-se, enfim, que em diversos outros países há aceitação de candidaturas avulsas, sendo que alguns presidentes já foram eleitos sem partido, como é o caso de

Emanuel Macron, na França, em 2017, compondo o movimento cívico *En Marche!*

Capítulo 7

Registro de Candidatura

7.1 Identificação numérica dos candidatos e legendas

A identificação numérica dos candidatos é definida na convenção partidária e deve seguir as regras específicas constantes do art. 15 Lei n° 9.504/1997 e dos arts. 14 e 15 da Resolução TSE nº 23.609/2019.

Para os candidatos ao cargo de prefeito, bem como seus respectivos vices, deve ser atribuído o número do partido político a que o titular estiver filiado a fim de ser identificada a candidatura na campanha e na urna eletrônica.

Já os vereadores devem concorrer com o número identificador do partido político ao qual estiverem filiados, acrescido de três algarismos à direita, distinguindo assim os candidatos do mesmo partido.

Ou seja, o número para a candidatura de prefeito tem dois dígitos e para a candidatura de vereador tem cinco.

A regra geral é a de que os números dos vereadores são distribuídos através de sorteio, na convenção partidária. Entretanto, aqueles que concorreram ao mesmo cargo na eleição anterior têm o direito de preferência para utilizar o mesmo número.

Outro direito de preferência é dado ao que já exerce o cargo de vereador e tenta se reeleger pelo mesmo partido. Na realidade, não teria sentido haver direito de preferência para quem apenas concorreu com um número e não haver o mesmo direito para quem se elegeu com um número determinado.

7.2 Quantidade de candidatos por partido

Cada partido pode apresentar apenas um candidato a prefeito com o seu vice e até 150% do número dos cargos a preencher na Câmara de Vereadores.

No cálculo dessas quantidades, deve-se desprezar a fração, se menor que 0,5, e igualar a 1, se igual ou superior.

Portanto, teríamos o seguinte para um município com 15 vagas para vereadores:

a) Calcula-se o valor de 150% sobre a quantidade de 15 vagas, cujo resultado é 22,5;

b) Considerando que a fração é igual a 0,5, arredonda-se o número 22,5 para 23.

Portanto, no exemplo, o partido pode apresentar 23 candidatos a vereador, para concorrer às 15 vagas.

Anteriormente, quando havia a possibilidade de coligação, estas podiam apresentar até 200% do número de vagas a preencher.

Pode ocorrer ainda de o partido não indicar na convenção a quantidade total de candidatos possível. Neste caso, os órgãos de direção dos respectivos partidos políticos poderão preencher as vagas remanescentes, requerendo o registro até trinta dias antes do pleito, de acordo com o § 5° do art. 10 da Lei n° 9.504/1997.

Finalmente, não se pode esquecer da reserva de 30% de vagas para as candidaturas de cada gênero. O cálculo dessa cota está explicado em detalhes no item 6.4, ao qual remetemos o leitor.

7.3 Pedido de registro de candidaturas

Para as eleições municipais de 2020, os pedidos de registro deveriam inicialmente ser apresentados ao Juiz Eleitoral do respectivo município até às 19h do dia 15 de agosto.

Entretanto, com a alteração da data da eleição pela Emenda Constitucional 107, o ultimo dia para registro de candidatura passou a ser 26 de setembro.

A elaboração do pedido deve ser feita no módulo

externo do sistema de candidatura (CANDex), que fica disponível nos sites dos Tribunais Eleitorais, e devem ser apresentados à Justiça Eleitoral dois documentos (formulários) bastante importantes: o Demonstrativo de Regularidade de Atos Partidários (Drap) e o Requerimento de Registro de Candidatura (RRC).

Considerando o calendário anterior, o Drap e o RRC precisavam ser transmitidos pela internet até às 23h59 do dia 14 de agosto e as mídias correspondentes deveriam ser entregues até 19h do dia 15 de agosto (art. 19 da Res.-TSE nº 23.609/19). Levando em conta isso, e a nova data de 26 de setembro para registro das candidaturas, supõem-se que agora o Drap e o RRC precisam ser transmitidos pela internet até às 23h59 do dia 25 de setembro e as mídias correspondentes devem ser entregues até 19h do dia 26 de setembro. Essas definições deverão ser realizadas pelo TSE alterando o que está previsto na Resolução TSE nº 23.609/19.

Portanto, são dois prazos distintos a serem cumpridos, um para a transmissão dos formulários e outro para entrega da mídia, para que seja considerada a entrega da documentação como regular.

Ainda há outro formulário, o Requerimento de Registro de Candidatura Individual (RRCI), que poderá ser usado no caso de o partido não apresentar a documentação. Sendo assim, aqueles que foram escolhidos em convenção poderão apresentar o RRCI, com toda a documentação exigida, no prazo de dois dias[6] seguintes à publicação do edital de candidatos do respectivo partido político ou coligação no Diário da Justiça Eletrônico (DJe).

De acordo com o § 2º do art. 29 da Resolução TSE nº 23.609/2019, a apresentação do RRCI se fará exclusivamente pela entrega da mídia à Justiça Eleitoral, até as 19h do último

[6] O § 4º do art. 11 da Lei nº 9.504/1997 traz o prazo de 48 horas seguintes à publicação da lista dos candidatos pela Justiça Eleitoral, mas o art. 29 da Resolução TSE nº 23.609/2019 traz o prazo de dois dias seguintes à publicação do edital de candidatos do respectivo partido político ou coligação no Diário da Justiça Eletrônico (DJe).

dia do prazo de dois dias, supracitado.

O partido tem o dever de guardar a documentação para o caso de possíveis ações eleitorais e para apresentá-la, caso seja requerida pela Justiça Eleitoral, a fim de ser feita conferência da veracidade das informações lançadas no DRAP, no RRC e no RRCI. Caso essa exigência não seja atendida, isso poderá implicar inclusive no não conhecimento do RRC, deixando de ser considerado para todos os fins.

O DRAP deve ser preenchido um para cada cargo pleiteado e, no caso do cargo de prefeito, deve ser também constituído pelo pedido de registro do titular com o respectivo vice.

Os arts. 23 e 24 da Resolução TSE nº 23.609/2019 trazem todas as informações que são exigidas e devem constar no DRAP e no RRC.

7.4 Documentação a ser apresentada com o RRC

Os seguintes documentos devem ser anexados ao RRC no CANDex:

> I - relação atual de bens, preenchida no Sistema CANDex;
>
> II - fotografia recente do candidato, inclusive dos candidatos a vice e suplentes, observado o seguinte: dimensões: 161 x225 pixels (LxA), sem moldura; profundidade de cor: 24bpp; preferencialmente colorida, com cor de fundo uniforme; características: frontal (busto), com trajes adequados para fotografia oficial, assegurada a utilização de indumentária e pintura corporal étnicas ou religiosas, bem como de acessórios necessários à pessoa com deficiência; vedada a utilização de elementos cênicos e de outros adornos, especialmente os que tenham conotação de propaganda eleitoral ou que induzam ou dificultem o reconhecimento do

candidato pelo eleitor;

III - certidões criminais para fins eleitorais fornecidas: pela Justiça Federal de 1° e 2° graus da circunscrição na qual o candidato tenha o seu domicílio eleitoral; pela Justiça Estadual de 1° e 2° graus da circunscrição na qual o candidato tenha o seu domicílio eleitoral; pelos tribunais competentes, quando os candidatos gozarem de foro por prerrogativa de função;

IV - prova de alfabetização;

V - prova de desincompatibilização, quando for o caso;

VI - cópia de documento oficial de identificação;

VII - propostas defendidas por candidato a prefeito.

Não há necessidade de apresentação de documentação comprobatória dos requisitos legais referentes à filiação partidária, ao domicílio eleitoral, à quitação eleitoral e à inexistência de crimes eleitorais, pois estes são aferidos com base nas informações constantes dos bancos de dados da Justiça Eleitoral.

7.5 Nome para a urna eletrônica e ocorrência de homonímia

O nome que vai constar da urna eletrônica deve possuir as seguintes características: terá no máximo trinta caracteres, incluindo-se o espaço entre os nomes, podendo ser o prenome, sobrenome, cognome, nome abreviado, apelido ou nome pelo qual o candidato é mais conhecido, desde que não se estabeleça dúvida quanto a sua identidade, não atente contra o pudor e não seja ridículo ou irreverente.

Não é permitida a composição de nome de candidato

que faça referência à expressão ou a siglas pertencentes a órgão da administração pública federal, estadual, distrital ou municipal, direta ou indireta.

Pode ocorrer de dois ou mais candidatos apresentarem o mesmo nome para concorrer nas eleições. Nesses casos, havendo dúvida, o Juiz Eleitoral pode exigir do candidato prova de que é conhecido pela opção de nome indicada no pedido de registro.

Por outro lado, há prioridade para uso do nome do candidato que, até 15 de agosto, estiver exercendo mandato eletivo ou o tenha exercido nos últimos quatro anos, ou que se tenha candidatado, nesse mesmo prazo, com o nome que indicou, mas essa data poderá ainda sofrer alteração, devido às mudanças ocorridas através da Emenda Constitucional 107. Assim sendo, deve ser deferido o seu uso, se for o caso, ficando outros candidatos impedidos de fazer propaganda com esse mesmo nome, o que exclui a possibilidade de utilização de nome idêntico na urna eletrônica.

Se não for o caso de a homonímia ser resolvida através da prioridade supracitada, pode-se resolvê-la verificando se o nome indicado identifica um dos candidatos por sua vida política, social ou profissional, ficando os outros candidatos impedidos de fazer propaganda com o mesmo nome.

Persistindo ainda a questão da homonímia, a Justiça Eleitoral notificará os envolvidos para que cheguem a um acordo em dois dias. Se não houver acordo, será feito o registro de cada candidato com o nome e sobrenome constantes do pedido de registro.

Por fim, deve ser indeferido todo pedido de nome coincidente com nome de candidato à eleição majoritária, salvo para candidato que esteja exercendo mandato eletivo ou o tenha exercido nos últimos quatro anos, ou que, nesse mesmo período, tenha concorrido em eleição com o nome coincidente.

7.6 Impugnação ao registro de candidatura

Qualquer candidato, partido político, coligação ou o Ministério Público pode impugnar o registro de candidatura, no prazo de cinco dias, contados da publicação do edital relativo ao pedido de registro, apresentando petição fundamentada, sendo que a apresentação de impugnação por candidato, partido político ou coligação não impede a ação do Ministério Público no mesmo sentido.

Entretanto, o representante do Ministério Público que, nos dois anos anteriores, tenha disputado cargo eletivo, integrado diretório de partido político ou exercido atividade político-partidária não pode impugnar registro de candidatura.

Após findar o prazo para impugnação, o candidato, o partido político ou a coligação devem ser citados para contestar a impugnação ou para se manifestar sobre notícia de inelegibilidade, no prazo de sete dias, atendendo ao disposto no art. 41 da Resolução TSE nº 23.609/2019.

Caso não se trate apenas de matéria de direito, considerando o Juiz Eleitoral que a prova solicitada a ser produzida é relevante, inicia-se a fase probatória, nos seguintes termos do art. 42 da Resolução TSE nº 23.609/2019:

> Art. 42. Decorrido o prazo para contestação, caso não se trate apenas de matéria de direito e a prova protestada for relevante, o juiz ou relator deve designar os 4 (quatro) dias seguintes para inquirição das testemunhas do impugnante e do impugnado, as quais comparecerão por iniciativa das partes que as tiverem arrolado, após notificação judicial realizada pelos advogados (Lei Complementar nº64/1990, art. 51, caput).

Encerrada a fase probatória, as partes serão intimadas para apresentar alegações finais no PJe, no prazo comum de cinco dias. Caso não tenha ocorrido fase probatória, fica dispensada a apresentação de alegações finais.

Além da impugnação propriamente, qualquer cidadão no gozo de seus direitos políticos pode, no prazo de cinco dias contados da publicação do edital relativo ao pedido de registro, informar a existência de inelegibilidade (notícia de inelegibilidade) ao órgão competente da Justiça Eleitoral para apreciação do registro de candidatos, mediante petição fundamentada.

Os procedimentos a serem adotados na notícia de inelegibilidade devem ser, no que couber, os mesmos dos de impugnação.

No entanto, o cidadão deve ter cautela ao apresentar notícia de inelegibilidade, uma vez que, de acordo com o art. 25 da LC nº 64/1990, constitui crime eleitoral a arguição de inelegibilidade, ou a impugnação de registro de candidato feito por interferência do poder econômico, desvio ou abuso do poder de autoridade, deduzida de forma temerária ou de manifesta má-fé, com pena prevista de detenção de seis meses a dois anos, e multa de vinte a cinquenta vezes o valor do Bônus do Tesouro Nacional (BTN).

7.7 Renúncia, falecimento, cancelamento e substituição

O candidato que deseja renunciar deverá fazê-lo de forma expressa, em documento datado, com firma reconhecida por tabelião ou assinado na presença de servidor da Justiça Eleitoral, que certificará o fato.

Com a homologação da renúncia por decisão judicial, o renunciante fica impedido de concorrer ao mesmo cargo na mesma eleição.

Ocorrendo o falecimento do candidato, será realizada a atualização da situação da candidatura no sistema CAND.

Já no caso em que o candidato é expulso do partido, em processo no qual seja assegurada ampla defesa, com observância das normas estatutárias, o partido poderá requerer, até a data da eleição, o cancelamento do registro do candidato.

De acordo com o art. 13 da Lei nº 9.504/1997, é facultado ainda ao partido ou coligação substituir candidato que for considerado inelegível, renunciar ou falecer após o termo final do prazo do registro ou, ainda, tiver seu registro indeferido ou cancelado.

No que diz respeito ao prazo de substituição, tanto nas

eleições majoritárias quanto nas proporcionais, o novo pedido deve ser apresentado até vinte dias antes do pleito, exceto no caso de falecimento de candidato, quando a substituição poderá ser efetivada após esse prazo.

Entretanto, o pedido de registro deve ser requerido até dez dias contados do fato, inclusive anulação de convenção, ou da notificação do partido da decisão judicial que deu origem à substituição. O substituto deve ser escolhido na forma estabelecida no estatuto do partido político a que pertencer o substituído.

Devido a uma questão técnica, se ocorrer substituição após a geração das tabelas para elaboração da lista de candidatos e preparação das urnas, o substituto concorrerá com o nome, número e a fotografia do substituído.

Capítulo 8

FINANCIAMENTO DAS CAMPANHAS

8.1 Cláusula de desempenho

De acordo com o § 3º do art. 17 da CF/88, o acesso dos partidos aos recursos do fundo partidário e ao horário de propaganda gratuita de rádio e televisão está vinculado ao desempenho dos partidos nas eleições para a Câmara de Deputados, sendo necessário alcançar uma das duas situações possíveis previstas nos incisos I e II desse parágrafo.

No caso do inciso I, o partido que obtiver 3% (três por cento) dos votos válidos para a Câmara de Deputados, distribuídos esses votos em pelo menos um terço das unidades da Federação, com um mínimo de 2% (dois por cento) dos votos válidos em cada uma delas, terá direito a recursos do fundo partidário e acesso ao horário gratuito de rádio e televisão.

Da mesma forma, se o partido tiver elegido pelo menos quinze Deputados Federais distribuídos em pelo menos um terço das unidades da Federação terá direito a esses recursos e ao horário gratuito de rádio e televisão.

Entretanto, a aplicação dessas regras segue o que dispõe o art. 3º da Emenda Constitucional nº 97, de 2017, o qual, além de prever que só serão aplicadas a partir das eleições de 2030, trouxe, no seu parágrafo único, uma escala crescente de porcentagens e votos necessários, já aplicável à legislatura seguinte às eleições de 2018, para efeito de acesso aos recursos do fundo partidário e à propaganda gratuita no rádio e na televisão, conforme se pode observar no Quadro 4.

Considerando as últimas eleições para a Câmara dos Deputados, apenas 21 dos 35 partidos com registro no TSE alcançaram um dos critérios dos incisos I e II do § 3º do art. 17

da CF/88, estando aptos ao recebimento de recursos do fundo partidário e à utilização do horário de propaganda gratuita de rádio e televisão.

Para a legislatura de 2019 a 2022, a fim de receber recursos do fundo partidário e ter acesso à propaganda gratuita no rádio e na televisão, o partidos teriam de ter elegido ao menos 9 deputados de 9 unidades da Federação ou ter alcançado pelo menos 1,5% de votos válidos para Deputado Federal, distribuídos em 9 unidades da Federação, com o mínimo de 1% de votos em cada uma dessas unidades.

Legislaturas	Regras
Na legislatura seguinte às eleições de 2018	• 1,5% (um e meio por cento) dos votos válidos • Distribuídos em pelo menos 1/3 das unidades da Federação • Mínimo de 1% (um por cento) dos votos válidos em cada uma delas ou • Eleger pelo menos nove Deputados Federais distribuídos em pelo menos 1/3 das unidades da Federação
Na legislatura seguinte às eleições de 2022	• 2% (dois por cento) dos votos válidos • Distribuídos em pelo menos 1/3 das unidades da Federação • Mínimo de 1% (um por cento) dos votos válidos em cada uma delas ou • Eleger pelo menos onze Deputados Federais distribuídos em pelo menos 1/3 das unidades da Federação
Na legislatura seguinte às eleições de 2026	• 2,5% (dois e meio por cento) dos votos válidos • Distribuídos em pelo menos 1/3 das unidades da Federação • Mínimo de 1,5% (um e meio por cento) dos votos válidos em cada uma delas ou • Eleger pelo menos treze Deputados Federais distribuídos em pelo menos 1/3 das unidades da Federação

Quadro 4: regras para acesso ao Fundo Partidário

Seguindo essa regra, não conseguiram o desempenho necessário, em 2018, os seguintes partidos: DC, PATRIOTA,

PCB, PCdoB, PCO, PHS, PMB, PMN, PPL, PRP, PRTB, PSTU, PTC e REDE.

Os registros que constam atualmente no TSE são de 33 partidos, quais sejam: MDB, PTB, PDT, PT, DEM, PCdoB, PSB, PSDB, PTC, PSC, PMN, CIDADANIA, PV, AVANTE, PP, PSTU, PCB, PRTB, DC, PCO, PODEMOS, PSL, REPUBLICANOS, PSOL, PL, PSD, PATRIOTA, PROS, SOLIDARIEDADE, NOVO, REDE, PMB e UP.

Observando esta última lista, nota-se, por exemplo, a ausência de partidos como o PRP, devido a ter sido incorporado pelo PATRIOTA. O PRP possuía 4 deputados e o PATRIOTA 5 deputados, sendo a incorporação uma estratégia de alcançar o mínimo necessário de deputados. Por outro lado, partidos que já haviam alcançado o mínimo, ou seja, que já haviam tido o desempenho necessário, também incorporaram outros, como é o caso do PODEMOS que incorporou o PHS. Antes, o PODEMOS possuía 11 deputados e ficou com 17, após a incorporação do PHS.

O PPL é outro partido que foi incorporado, neste caso pelo PCdoB, e que também não havia alcançado o desempenho necessário em 2018.

Essas incorporações refletem o principal objetivo da cláusula de desempenho que é a de promover a diminuição da quantidade de partidos existentes. No entanto, o efeito até o momento não foi tão amplo, o que não significa que o número total de partidos não vai diminuir. É, na verdade, natural que os efeitos da cláusula de desempenho se ampliem, acompanhando o aumento do total mínimo de votos válidos necessários, já que esse percentual só atingirá o valor de três por cento a partir das eleições de 2030, bem assim com a regra de eleição de no mínimo 15 deputados federais.

Para outros partidos como o REDE, que não alcançou o desempenho necessário em 2018, ainda resta uma limitação legal, constante do § 9º do art. 29 da Lei nº 9.096/1995, o qual define que somente será admitida a fusão ou incorporação de partidos políticos que tenham obtido o registro definitivo do Tribunal Superior Eleitoral há, pelo menos, cinco anos. O REDE teve seu registro deferido em 22/09/2015, portanto, não poderia para 2020, de acordo com a Lei nº 9.096/1995, incorporar-se a outro partido, senão por decisão judicial que venha a impedir a aplicação dessa limitação.

Apesar do desestímulo à existência de partidos pequenos e à criação de novos partidos, ainda tramitam outros pedidos de criação de partido no TSE: o do Partido Nacional Corinthiano (PNC) e o do Partido da Evolução Democrática (PED), além de outras 73 possíveis legendas já terem comunicado o início de seus processos de formação.

Existe ainda um pedido de anulação da Resolução TSE n° 7.764/1965 e de todos os atos administrativos amparados no art. 18 do Ato Institucional n° 2, de 27 de outubro de 1965, bem como o de restabelecimento da vigência e da eficácia da Resolução TSE n° 296/1945, que deferiu o registro definitivo da sigla União Democrática Nacional (UDN).

Dessa forma, deferidos os pedidos, é possível que tal partido venha a se somar aos já existentes.

Contudo, as dificuldades em se manter partidos sem muita expressividade no Congresso serão maiores a cada eleição, considerando que o acesso ao fundo partidário e ao horário eleitoral gratuito de rádio e TV se tornarão mais difíceis. Sendo assim, caso a regra da cláusula de desempenho se mantenha, é provável que tenhamos um maior estímulo às incorporações dos partidos menores e o desestímulo às novas siglas, quando não tiverem uma perspectiva de alcançar desempenho mínimo nas eleições para a Câmara dos Deputados.

8.2 Fundo Especial de Financiamento de Campanha - FEFC

O Fundo Especial de Financiamento de Campanha (FEFC) é constituído através de dotação orçamentária da União em ano eleitoral, com o objetivo de viabilizar financeiramente a realização de campanhas no primeiro e segundo turnos das eleições.

Os recursos só ficam disponíveis aos partidos após estes aprovarem, por maioria absoluta dos membros da direção executiva nacional, os critérios para sua distribuição. Portanto, é condição para recebimento do FEFC que o partido providencie a aprovação dos critérios de distribuição interna.

Por outro lado, com a inclusão em 2019 do § 16 no art. 16-C da Lei nº 9.504/1997, até o primeiro dia útil do mês de junho o partido poderá comunicar ao Tribunal Superior Eleitoral a renúncia do FEFC.

8.3 Critérios de distribuição do FEFC aos partidos

Os critérios de distribuição do FEFC aos partidos foram definidos através da Lei nº 13.488/2017, que incluiu o art. 16-D na Lei nº 9.504/1997. Tais critérios correspondem a percentuais do montante do FEFC que são relacionados a quatro situações diversas dos partidos e sua representatividade: 1) possuir estatuto registrado no TSE; 2) possuir pelo menos um representante na Câmara dos Deputados, considerando a quantidade de votos; 3) representação na Câmara dos Deputados, considerando as legendas dos titulares; e 4) número de representantes no Senado Federal, consideradas as legendas dos titulares.

Cabe ressaltar que, no que se refere ao critério de representação na Câmara dos Deputados considerando as legendas dos titulares, existe a seguinte ressalva: os casos dos detentores de mandato que migraram em razão de o partido pelo qual foram eleitos não ter cumprido os requisitos previstos no § 3º do art. 17 da Constituição Federal (Lei nº 9.504/1997, art. 16-D, § 3º), ou seja, nos casos em que o partido não tiver direito ao Fundo Partidário, por conta de não ter alcançado o mínimo de 3% de votos válidos (de acordo com a regra do inciso I do § 3º do art. 17 da Constituição Federal), ou por não ter elegido pelo menos quinze Deputados Federais (de acordo com a regra do inciso II do mesmo § 3º do art. 17 da Constituição Federal).

No Quadro 5, pode-se ver como a distribuição dos recursos será realizada pelo TSE.

Percentual	Forma de Divisão	Critério
2%	Igualitariamente entre todos os partidos	Estatutos registrados no Tribunal Superior Eleitoral
35%	Divididos entre os partidos que tenham pelo menos um representante na Câmara dos Deputados	Proporcional ao percentual de votos por eles obtidos na última eleição geral para a Câmara dos Deputados
48%	Divididos entre os partidos	Na proporção do número de representantes na Câmara dos Deputados, consideradas as legendas dos titulares
15%	Divididos entre os partidos	Na proporção do número de representantes no Senado Federal, consideradas as legendas dos titulares

Quadro 5: critérios de distribuição do FEFC

8.4 Procedimentos administrativos para gestão do FEFC

O prazo para disponibilização do FEFC ao TSE é o de até o primeiro dia útil do mês de junho do ano eleitoral, sendo que a movimentação desses recursos financeiros é efetuada exclusivamente através da conta única do Tesouro Nacional, e seus procedimentos administrativos devem atender às regras de gestão e distribuição definidas pelo TSE, através de Resolução específica.

O TSE deve divulgar o valor total do FEFC no prazo de 15 dias da data do recebimento da descentralização da dotação orçamentária. Essa divulgação é bastante importante para que os partidos e a sociedade conheçam o quanto será distribuído a cada legenda para realização das campanhas, acessando o Portal da Transparência do TSE, no qual constará inclusive os valores individuais e totais destinados aos diretórios nacionais de cada partido.

Realizados os cálculos pela Assessoria de Gestão Estratégica e Socioambiental do TSE, com base nos critérios constantes do art. 16-D na Lei nº 9.504/1997, a Secretaria de Administração do TSE efetuará a distribuição dos recursos em parcela única.

8.5 Critérios dos partidos para distribuição dos recursos

Como observado anteriormente, o recebimento dos recursos pelos partidos depende da criação de critérios de distribuição interna que devem ser aprovados por maioria absoluta dos membros da direção executiva nacional.

Entretanto, os partidos devem atender a algumas regras estabelecidas pelo TSE para a fixação de tais critérios.

Primeiramente, os critérios a serem fixados pela direção executiva nacional do partido devem prever a obrigação de aplicação do total recebido do FEFC de modo proporcional ao número de candidatas do partido e devem ser fixados em valores absolutos ou em percentuais, de forma a possibilitar que a Justiça Eleitoral realize o controle da sua distribuição.

Em segundo, privilegiando a transparência e o controle social, os diretórios nacionais dos partidos estão obrigados a promover a ampla divulgação dos critérios fixados, de preferência em sua página na internet.

Estabelecidos os critérios, os diretórios nacionais devem encaminhar petição por meio eletrônico ao Presidente do TSE indicando os critérios fixados. Essa petição deverá ser acompanhada dos seguintes documentos: 1) ata da reunião, subscrita pelos membros da executiva nacional do partido, com reconhecimento de firma em Cartório ou certificação digital; 2) prova material de ampla divulgação dos critérios de distribuição do FEFC; e 3) indicação dos dados bancários de uma única conta-corrente, aberta exclusivamente em nome do diretório nacional do partido político para movimentação dos recursos do FEFC.

Caso o partido não apresente todos os documentos exigidos, o valor será devolvido à conta única do Tesouro Nacional. O mesmo ocorrerá no caso de renúncia ao FEFC.

Estando a documentação completa, disponibilizado o recurso ao partido, este deve realizar a distribuição aos candidatos seguindo estritamente os critérios definidos. Entretanto, tal distribuição aos candidatos não é automática, devido à necessidade de cada candidato requerer por escrito ao órgão partidário o acesso aos recursos.

Deve-se observar que o FEFC é composto por dinheiro público, sendo indispensável a prestação de contas da sua utilização ou não, pois será objeto de análise pela Justiça Eleitoral e os recursos que não forem utilizados nas campanhas deverão ser devolvidos ao Tesouro Nacional.

Por fim, uma das maiores novidades para as próximas eleições é a exigência de destinação mínima de 30% do montante do FEFC para aplicação nas campanhas femininas.

8.6 Pré-requisitos para arrecadação de recursos para a campanha

A arrecadação de recursos para a campanha eleitoral pode ser feita pelo candidato ou pelo partido político. Esses recursos de campanha se distinguem daqueles arrecadados pelos partidos fora do período eleitoral, os quais estão sujeitos às prestações de contas anuais dos partidos, previstas na Resolução TSE nº 23.546/2017.

No caso de arrecadação de recursos para campanha eleitoral, deve-se observar a regulamentação constante da Resolução TSE nº 23.607/2019, que traz alguns pré-requisitos para os candidatos e para os partidos realizarem a coleta de recursos.

Para os candidatos, são necessários:

a) requerimento do registro de candidatura;

b) inscrição no Cadastro Nacional da Pessoa

Jurídica (CNPJ);

c) abertura de conta bancária específica destinada a registrar a movimentação financeira de campanha; e

d) emissão de recibos eleitorais, na hipótese de doações estimáveis em dinheiro e doações pela internet.

No caso dos partidos, cuja conta bancária já está prevista na Resolução TSE nº 23.546/2017, são necessários:

a) registro ou a anotação conforme o caso, no respectivo órgão da Justiça Eleitoral;

b) inscrição no Cadastro Nacional da Pessoa Jurídica (CNPJ);

c) abertura de conta bancária específica destinada a registrar a movimentação financeira de campanha; e

d) emissão de recibos de doação na forma regulamentada pelo Tribunal Superior Eleitoral nas prestações de contas anuais.

8.7 Utilização dos recibos eleitorais

A regra geral é a de que para todos os recursos estimáveis em dinheiro ou arrecadados por meio da internet deve ser emitido o respectivo recibo eleitoral.

A Lei n° 9.504/1997 conceitua recursos estimáveis em dinheiro aqueles relativos à utilização de bens móveis ou imóveis de propriedade do doador ou à prestação de serviços próprios, desde que o valor estimado não ultrapasse R$ 40.000,00 (quarenta mil reais) por doador.

Entretanto, há exceções, nas quais a emissão do recibo é

facultativa, trazidas no § 6° do art. 7° da Resolução TSE n° 23.607/2019, nos seguintes casos de:

> I - cessão de bens móveis, limitada ao valor de R$ 4.000,00 (quatro mil reais) por cedente;
>
> II - doações estimáveis em dinheiro entre candidatos e partidos políticos decorrentes do uso comum tanto de sedes quanto de materiais de propaganda eleitoral, cujo gasto deverá ser registrado na prestação de contas do responsável pelo pagamento da despesa;
>
> III - cessão de automóvel de propriedade do candidato, do cônjuge e de seus parentes até o terceiro grau para seu uso pessoal durante a campanha.

Mas, a facultatividade da emissão do recibo não exclui a obrigatoriedade de serem registrados na prestação de contas dos doadores e na de seus beneficiários os valores das operações constantes do § 6°, supracitado.

No caso de material impresso que veicula propaganda conjunta de diversos candidatos, existe regra específica para inclusão na prestação de contas:

> a) se todos pagaram pelo material, os valores gastos por cada um devem constar nas respectivas prestações de contas;
>
> b) se nem todos pagaram pela propaganda, os valores devem constar apenas naquela prestação de contas relativa ao que houver arcado com os custos, conforme previsto no art. 38, § 2°, da Lei n° 9.504/1997.

Portanto, deve-se ter em mente que, em regra, todos os recursos estimáveis em dinheiro ou arrecadados por meio da internet devem ser objeto de emissão do recibo eleitoral, cujas poucas exceções não excluem a necessidade de fazer constar tais recursos na prestação de contas, sendo que, na hipótese de arrecadação de campanha realizada pelo vice ou pelo suplente, devem ser utilizados os recibos eleitorais do titular.

No que se refere à prestação de contas dos partidos políticos, estes devem manter contas específicas para o registro da escrituração contábil das movimentações financeiras dos recursos destinados às campanhas eleitorais, em sua prestação de contas anual, a fim de permitir a segregação desses recursos em relação a quaisquer outros e a identificação de sua origem.

8.8 Abertura de conta bancária específica

Os partidos políticos e os candidatos têm obrigação de abrir conta bancária específica para movimentação dos recursos financeiros, mesmo que ainda não tenham arrecadado ou movimentado recursos, nos seguintes prazos:

a) no caso do candidato: no prazo de dez dias contados da concessão do CNPJ pela Secretaria da Receita Federal;

b) no caso dos partidos: até 15 de agosto do ano eleitoral, caso não já tenham aberto a conta bancária "Doações de Campanha" até 15 de agosto de 2018.

No entanto, mesmo que esses prazos sejam ultrapassados, os bancos são obrigados a acatar, em até três dias, o pedido de abertura de conta de qualquer candidato escolhido em convenção, sendo proibido ao banco condicionar a conta ao depósito mínimo e à cobrança de taxas ou de outras despesas de manutenção.

O prazo de 15 de agosto poderá ser alterado por conta da mudança da data das eleições em 2020, o que será divulgado através de resolução específica pelo TSE, promovendo essa mudança no calendário eleitoral, caso entenda necessária.

8.9 Recursos que podem ser arrecadados

São diversos os tipos de recursos de campanha que podem ser arrecadados. O art. 15 da Resolução TSE nº 23.607/2019 elenca todos eles, segundo a sua origem, da seguinte forma:

> I - recursos próprios dos candidatos;
>
> II - doações financeiras ou estimáveis em dinheiro de pessoas físicas;
>
> III - doações de outros partidos políticos e de outros candidatos;
>
> IV - comercialização de bens e/ou serviços ou promoção de eventos de arrecadação realizados diretamente pelo candidato ou pelo partido político;
>
> V - recursos próprios dos partidos políticos, desde que identificada a sua origem e que sejam provenientes: a) do Fundo Partidário, de que trata o art. 38 da Lei n° 9.096/1995; b) do Fundo Especial de Financiamento de Campanha (FEFC); c) de doações de pessoas físicas efetuadas aos partidos políticos; d) de contribuição dos seus filiados; e) da comercialização de bens, serviços ou promoção de eventos de arrecadação; f) de rendimentos decorrentes da locação de bens próprios dos partidos políticos;
>
> VI - rendimentos gerados pela aplicação de suas disponibilidades.

Como se pode observar, as doações de pessoas jurídicas para utilização em campanha eleitoral não são permitidas. Mesmo aquelas doações feitas aos partidos em exercícios anteriores não poderão ser transferidas aos candidatos ou utilizadas pelo próprio partido nas campanhas eleitorais.

Os partidos e os candidatos podem arrecadar recursos e contrair obrigações até o dia das eleições. Após esse prazo, só é permitida a arrecadação de recursos para a quitação de despesas contraídas e não pagas até o dia das eleições, sendo que todas as despesas deverão estar integralmente quitadas até o prazo de entrega da prestação de contas à Justiça Eleitoral, ou seja, até o trigésimo dia posterior à realização das eleições, e, havendo segundo turno, até o vigésimo dia posterior à sua realização (a prestação de contas referente aos dois turnos).

8.10 Doações de pessoas físicas

As doações de pessoas físicas e de recursos próprios somente poderão ser realizadas, inclusive pela internet, pelos seguintes meios: 1) transação bancária, na qual o CPF do doador seja obrigatoriamente identificado; 2) por doação ou cessão temporária de bens e/ou serviços estimáveis em dinheiro; ou 3) por instituições que promovam técnicas e serviços de financiamento coletivo por meio de sítios da internet, aplicativos eletrônicos e outros recursos similares, conhecidos como vaquinhas online, virtuais ou eletrônicas.

Existe ainda o limite de 10% da renda bruta do ano-calendário anterior ao da eleição para as doações de pessoas físicas, que devem estar atentas para não ultrapassarem esse valor, uma vez que o Ministério Público poderá oferecer representação na Justiça Eleitoral até 31 de dezembro do ano seguinte ao da eleição, contra aqueles que não respeitarem esse limite.

Cabe ressaltar que a Secretaria da Receita Federal do Brasil faz o cruzamento dos valores doados com os rendimentos da pessoa física e, constatando indício de excesso, comunica o fato ao Ministério Público.

No caso de ocorrência da doação em excesso, o infrator está sujeito ao pagamento de multa no valor de 100% da quantia em excesso e o candidato poderá responder por abuso de poder econômico.

O candidato pode também utilizar recurso próprio até

10% dos limites previstos para gastos de campanha no cargo em que concorrer.

8.11 Doação ou cessão temporária de bens ou serviços estimáveis em dinheiro

No caso da doação ou cessão temporária de bens e/ou serviços estimáveis em dinheiro, deverá haver a demonstração de que o doador é proprietário do bem ou é o responsável direto pela prestação de serviços.

Em relação ao limite previsto de doações realizadas por pessoas físicas de até 10% da renda bruta, esse limite não se aplica a doações estimáveis em dinheiro relativas à utilização de bens móveis ou imóveis de propriedade do doador ou à prestação de serviços próprios, desde que o valor estimado não ultrapasse R$ 40.000,00, conforme previsto no § 7º do art. 23 da Lei nº 9.504/1997.

8.12 Vaquinhas virtuais

A partir do dia 15 de maio do ano eleitoral, os pré-candidatos já podem fazer arrecadação prévia de recursos por meio de vaquinha virtual, mas a liberação do dinheiro ficará condicionada ao registro da candidatura.

Nas doações por meio das vaquinhas virtuais, o art. 23 da Resolução TSE nº 23.607/2019 prevê que todas as doações recebidas deverão ser lançadas individualmente pelo valor bruto na prestação de contas de campanha eleitoral de candidatos e partidos políticos. As taxas cobradas pelas instituições arrecadadoras deverão ser consideradas despesas de campanha eleitoral e lançadas na prestação de contas de candidatos e partidos políticos, sendo pagas no prazo fixado entre as partes no contrato de prestação de serviços.

8.13 Comercialização de bens ou serviços ou promoção de eventos de arrecadação

A arrecadação de valores através da comercialização de

bens ou serviços ou a promoção de eventos de arrecadação constituem doação e devem observar todas as regras relativas ao recebimento de doações.

Além disso, o art. 30 da Resolução TSE nº 23.607/2019 define regras específicas para esse tipo de arrecadação, determinando que o partido ou o candidato deve comunicar a realização da arrecadação, formalmente e com antecedência mínima de cinco dias úteis, à Justiça Eleitoral, que poderá realizar sua fiscalização.

É dever ainda do partido e do candidato manterem à disposição da Justiça Eleitoral a documentação necessária à comprovação de sua realização e de seus custos, despesas e receita obtida.

Considerando que a regra relativa ao limite máximo de doações para pessoa física é aplicável no caso de comercialização de bens ou serviços ou da promoção de eventos de arrecadação, os comprovantes relacionados ao recebimento de recursos deverão conter referência de que o valor recebido caracteriza doação eleitoral, com menção ao limite legal de doação, advertência de que a doação acima de tal limite poderá gerar a aplicação de multa de até 100% do valor do excesso e de que devem ser observadas as vedações da lei eleitoral.

8.14 Fontes de recursos vedadas

Algumas fontes de recursos são vedadas pela legislação eleitoral, visando a resguardar a igualdade de concorrência, a moralidade do serviço público e até mesmo a segurança nacional. Daí não ser permitido o recebimento, de forma direta ou indireta, de doação em dinheiro ou estimável em dinheiro, inclusive por meio de publicidade de qualquer espécie, procedente de pessoas jurídicas, de origem estrangeira ou de pessoa física permissionária de serviço público.

No caso das doações de origem estrangeira, o que deve ser considerado, para caracterizar a irregularidade, é a procedência dos recursos doados e não a nacionalidade do doador.

Já a vedação correspondente ao da pessoa física permissionária de serviço público não se aplica aos recursos próprios do candidato em sua campanha, devendo, entretanto, respeitar os limites previstos para esse tipo de recurso.

O § 3º do art. 31 da Resolução TSE nº 23.607/2019 prevê que o recurso oriundo de fonte vedada, recebido por partido ou candidato, deve ser imediatamente devolvido ao doador, sendo proibida sua utilização ou aplicação financeira. Mas se a devolução não for possível, deve-se providenciar imediatamente a transferência dos recursos recebidos ao Tesouro Nacional, por meio de Guia de Recolhimento da União (GRU), o mesmo devendo ocorrer com recursos cuja origem não seja identificada.

Por fim, cabe observar que o beneficiário de transferência cuja origem seja considerada fonte vedada pela Justiça Eleitoral responde solidariamente pela irregularidade. As consequências pelo recebimento desses valores serão aferidas por ocasião do julgamento das respectivas contas, sendo que a devolução ou a determinação de devolução de recursos recebidos de fonte vedada não impede, se for o caso, a desaprovação das contas, quando constatado que o candidato se beneficiou, ainda que temporariamente, dos recursos ilícitos recebidos.

Capítulo 9

Gastos de Campanha

9.1 Necessidade de controle dos gastos de campanha

Uma constatação que coloca em relevo a necessidade de maior eficiência nos gastos e controle mais preciso por parte da Justiça Eleitoral é a do aumento do valor que se gasta para conquistar o voto dos eleitores a cada eleição. De acordo com Carazza (CARAZZA, 2018, pág. 101), a razão entre o volume de doações e os votos recebidos pelos candidatos eleitos - ou seja, o valor médio arrecadado por voto recebido - vem crescendo a cada eleição para todos os cargos.

Por exemplo, para o cargo de Deputado Federal, que em 2002 necessitava de menos de R$ 6,00 por voto para eleger um candidato, passou a quase R$ 15,00 nas eleições de 2014.

Portanto, estabelecer limites de gastos, definir o que pode e o que não pode ser gasto, são importantes formas de favorecer uma concorrência mais justa entre os que têm facilidade de arrecadar recursos e aqueles que pouco arrecadam e dependem, muitas vezes, dos recursos próprios para desenvolver sua campanha.

9.2 Gastos de campanha permitidos

Os gastos de campanha permitidos estão sujeitos ao registro e aos limites fixados na Resolução TSE nº 23.607/2019 e no art. 26 da Lei nº 9.504/1997 e já podem ser efetivados pelos partidos e candidatos a partir da data da realização da convenção partidária.

Os candidatos e os partidos podem fazer uso dos seguintes gastos para desenvolverem suas campanhas:

I - confecção de material impresso de qualquer

natureza, observado o tamanho fixado no § 2°, inciso II do art. 37 e nos §§ 3° e 4° do art. 38, todos da Lei n° 9.504/1997;

II - propaganda e publicidade direta ou indireta, por qualquer meio de divulgação;

III - aluguel de locais para a promoção de atos de campanha eleitoral;

IV - despesas com transporte ou deslocamento de candidato e de pessoal a serviço das candidaturas;

V - correspondências e despesas postais;

VI - despesas de instalação, organização e funcionamento de comitês de campanha e serviços necessários às eleições, observadas as exceções previstas no § 6° do art. 35 desta Resolução;

VII - remuneração ou gratificação de qualquer espécie paga a quem preste serviço a candidatos e a partidos políticos;

VIII - montagem e operação de carros de som, de propaganda e de assemelhados;

IX - realização de comícios ou eventos destinados à promoção de candidatura;

X - produção de programas de rádio, televisão ou vídeo, inclusive os destinados à propaganda gratuita;

XI - realização de pesquisas ou testes pré-eleitorais;

XII - custos com a criação e a inclusão de páginas na internet e com o impulsionamento de conteúdos contratados diretamente de provedor da aplicação de internet com sede e foro no país;

XIII - multas aplicadas, até as eleições, aos candidatos e partidos políticos por infração do disposto na legislação eleitoral;

XIV - doações para outros partidos políticos ou outros candidatos;

XV - produção de jingles, vinhetas e slogans para propaganda eleitoral.

Importante notar que a priorização de conteúdos paga para aplicações de busca na internet é considerada como uma forma de impulsionamento, portanto, só pode ser contratada pelo candidato ou partido político. Caso haja crédito de impulsionamento não utilizado até o final da campanha, a sobra deve ser transferida ao Tesouro Nacional, se pago com recursos do FEFC, ou ao partido político, se pago com valores do Fundo Partidário ou outros recursos, a depender de sua origem.

Em relação às despesas com consultoria, assessoria e honorários decorrentes da prestação de serviços advocatícios e de contabilidade, estes passaram a ser considerados como gastos eleitorais, após a inclusão do § 4º no art. 26 da Lei nº 9.504/1997 no ano de 2019, pela Lei nº 13.877/2019.

Esses gastos também devem ser excluídos do limite de gastos de campanha, o que facilita o pagamento desses profissionais, sem afetar os demais gastos, mais ainda pelo fato de que poderão ser utilizados recursos da campanha, do candidato, do Fundo Partidário ou do FEFC, para honrar esses compromissos.

No entanto, de acordo com o § 9º do art. 35 da Resolução TSE nº 23.607/2019, o pagamento efetuado por candidatos e partidos políticos de honorários de serviços advocatícios e de contabilidade, relacionados à prestação de serviços em campanhas eleitorais e em favor destas, bem como em processo judicial decorrente de defesa de interesses de candidato ou partido político não constitui doação de bens e serviços estimáveis em dinheiro.

Nesse sentido, decisão do Ministro Henrique Neves da Silva, em 2016, no TSE:

> "[...] Prestação de contas. Gastos com serviços advocatícios. Deputado federal. 1. O processo de prestação de contas tem natureza jurisdicional, por força de lei. Precedentes. 2. 'Os honorários relativos aos serviços advocatícios e de contabilidade relacionados com processo jurisdicional-contencioso não podem ser considerados como gastos eleitorais de campanha nem estão sujeitos à contabilização ou à limitação que possa impor dificuldade ao exercício da ampla defesa" [...]" (Ac de 16.8.2016, no AgR-REspe nº 139373, rel. Min. Henrique Neves; no mesmo sentido o Ac de 1.3.2016 no AgR-REspe nº 77355, rel. Min. Henrique Neves da Silva.)

Cabe ressaltar também que os gastos com combustível e manutenção de veículo automotor usado pelo candidato na campanha, com remuneração, alimentação e hospedagem do condutor desse veículo, com alimentação e hospedagem própria do candidato e com uso de linhas telefônicas registradas em nome do candidato como pessoa física, até o limite de três linhas, não são considerados gastos eleitorais e, portanto, não se sujeitam à prestação de contas e não podem ser pagas com recursos da campanha, tendo natureza de despesa pessoal do candidato.

Quanto à responsabilidade pelo pagamento dos gastos, os que forem contraídos pelos candidatos será de sua responsabilidade, cabendo aos partidos políticos responder apenas pelos gastos que realizarem e por aqueles que, após o dia da eleição, forem assumidos pelo partido político, através de decisão do órgão nacional de direção partidária.

9.3 Regras para contratação de serviços de militância e mobilização de rua

Os serviços de militância e mobilização de rua podem ser executados através de pessoas contratadas de forma direta pelos candidatos e partidos ou de forma terceirizada, mas nenhuma dessas formas de contratação gera vínculo empregatício com o candidato ou com o partido contratantes.

No entanto, existem limites para contratação de pessoal, previstos no art. 100-A da Lei nº 9.504/1997, para cada cargo.

No caso de campanha para prefeito, poderá ser contratado até 1% do eleitorado em municípios com até trinta mil eleitores. Se o município tiver mais de trinta mil eleitores, o limite corresponderá ao número máximo previsto para municípios com até trinta mil eleitores, acrescido de uma contratação para cada mil eleitores que exceder o número de trinta mil.

No caso de campanha para vereador, poderá haver contratação de 50% dos mesmos limites previstos para prefeito, até o total previsto no inciso VI do § 1º do art. 100-A da Lei nº 9.504/1997.

9.4 Limites de gasto de campanha

De acordo com o art. 18-C incluído na Lei nº 9.504/1997 em 2019, o limite de gastos nas campanhas dos candidatos às eleições para prefeito e vereador, na respectiva circunscrição, será equivalente ao limite para os respectivos cargos nas eleições de 2016, atualizado pelo Índice Nacional de Preços ao Consumidor Amplo (IPCA).

A atualização desses valores deve ser feita com o termo inicial em julho de 2016 e termo final em junho de 2020, motivo pelo qual a divulgação desses valores deve ocorrer até 20 de julho de 2020, pelo Tribunal Superior Eleitoral.

No caso dos municípios onde houver segundo turno, o limite de gastos dos candidatos será de 40% do limite dos gastos de campanha para o primeiro turno.

Em 2016, o TSE regulamentou os limites de gastos

através da Resolução TSE nº 23.459/2015, da qual consta tabela com todos os municípios do país e seus limites para os cargos de prefeito e vereador. Essa tabela é que será então atualizada e disponibilizada pelo TSE, conforme determinado pelo art. 18-C da Lei nº 9.504/1997, supracitado.

Os limites utilizados nas Eleições de 2016, para o primeiro turno, nas Capitais dos Estados, de acordo com a Resolução TSE nº 23.459/2015, podem ser consultados no Apêndice.

Capítulo 10

Pesquisas Eleitorais

10.1 Importância das pesquisas eleitorais

As pesquisas eleitorais são um importante meio de convencimento do eleitor e representam, em muitos casos, verdadeiro instrumento de propaganda eleitoral.

De acordo com Nunes (2000, pág. 64):

> Uma visão estratégica da pesquisa é aquela em que se tem consciência de que o volume de dados coletados e o grau de complexidade destes depende de objetivos pré-definidos além da disponibilidade de recursos para realizá-la. Não obstante, a pesquisa é um excelente instrumento de marketing desde que se tenha consciência de seu poder, assim como de seus limites.

Considerando esse reconhecido poder que a pesquisa tem, é grande a atenção que a Justiça Eleitoral tem dado às pesquisas, tentando eliminar as possibilidades de manipulação e imprecisão técnica na coleta e tratamento dos dados que são divulgados aos eleitores.

10.2 Necessidade do registro das pesquisas

A Lei nº 9.504/1997, no art. 33, traz a determinação de que as entidades e empresas que realizarem pesquisas de opinião pública relativas às eleições ou aos candidatos, para conhecimento público, são obrigadas, para cada pesquisa, a registrar, junto à Justiça Eleitoral, até cinco dias antes da divulgação, as seguintes informações:

I - quem contratou a pesquisa;

II - valor e origem dos recursos despendidos no trabalho;

III - metodologia e período de realização da pesquisa;

IV - plano amostral e ponderação quanto a sexo, idade, grau de instrução, nível econômico e área física de realização do trabalho a ser executado, intervalo de confiança e margem de erro;

V - sistema interno de controle e verificação, conferência e fiscalização da coleta de dados e do trabalho de campo;

VI - questionário completo aplicado ou a ser aplicado;

VII - nome de quem pagou pela realização do trabalho e cópia da respectiva nota fiscal.

Esse registro se torna obrigatório a partir de 1º de janeiro do ano de eleição e deve ser feito até cinco dias antes da divulgação, no Sistema de Registro de Pesquisas Eleitorais (PesqEle), fornecido pela Justiça Eleitoral. O próprio Sistema informará, após o lançamento dos dados, o dia em que pode ser feita a divulgação.

O art. 2º da Resolução TSE nº 23.600/2019 elenca a exigência de fornecimento de outros dados, além dos constantes do art. 33 da Lei nº 9.504/1997, os quais complementam estes últimos, tais como o CPF ou CNPJ do contratante, indicação da fonte pública dos dados utilizados, nome e número de registro do estatístico responsável pela pesquisa e indicação da Unidade da Federação e os cargos aos quais se refere a pesquisa.

Quando a pesquisa se refere à candidatura de prefeito,

vice-prefeito e vereador e envolver mais de um município, deve ser feito um registro para cada município separadamente.

É importante observar que, a partir do dia em que a pesquisa puder ser divulgada e até o dia seguinte, o registro, nas eleições municipais, deve ser complementado com os dados relativos aos bairros abrangidos ou, na ausência de delimitação do bairro, à área em que foi realizada, o número de eleitores pesquisados em cada setor censitário e a composição quanto a gênero, idade, grau de instrução e nível econômico dos entrevistados na amostra final da área de abrangência da pesquisa eleitoral. Caso não seja feita a complementação, a pesquisa poderá ser impugnada pelo Ministério Público, candidatos, partidos e coligações e ser considerada não registrada, não podendo, portanto, ser divulgada.

10.3 Novidade relativa à retirada de candidato das pesquisas

A Associação Brasileira de Empresas de Pesquisa (Abep) sugeriu, em audiência pública do TSE, a estipulação de um marco a partir do qual fosse admitida a retirada de determinado candidato da pesquisa, visando a regulamentar o procedimento nos casos em que o pedido de registro de candidatura tenha sido indeferido, cancelado ou não conhecido.

A sugestão foi acolhida e incluída na Resolução TSE nº 23.600/2019, que dispõe sobre as pesquisas eleitorais, no § 1º do seu art. 3º, com o seguinte teor:

> § 1º O candidato cujo registro foi indeferido, cancelado ou não conhecido somente poderá ser excluído da lista a que se refere o caput deste artigo quando cessada a condição *sub judice*, na forma estipulada pela resolução deste tribunal que dispõe sobre a escolha e o registro de candidatos.

Portanto, agora, para retirar o nome de candidato das pesquisas, há necessidade de aguardar a decisão final sobre eventual recurso relacionado ao registro de candidatura.

Isso está de acordo com o fato de que o candidato cujo registro esteja *sub judice* pode efetuar todos os atos relativos à campanha eleitoral, inclusive utilizar o horário eleitoral gratuito no rádio e na televisão e ter seu nome mantido na urna eletrônica enquanto estiver sob essa condição.

Se, por outro lado, cessar a condição *sub judice* durante a realização de uma determinada pesquisa, seu prosseguimento não precisa ser impedido, mas é necessário que sejam feitas as devidas ressalvas no momento da divulgação dos resultados coletados.

10.4 Divulgação das pesquisas

A Resolução TSE nº 23.600/2019 lista algumas informações que devem constar da divulgação dos resultados das pesquisas, com o objetivo claro de impedir manipulações e simulações quanto à evolução das tendências do eleitorado.

Dessa forma, na divulgação dos resultados, seja de pesquisa atual ou anterior, é obrigatório informar o período de realização da coleta de dados, a margem de erro, o nível de confiança, o número de entrevistas, o nome da entidade ou da empresa que a realizou e, se for o caso, de quem a contratou e o número de registro da pesquisa.

10.5 Divulgação das pesquisas no dia das eleições

É possível fazer divulgação de pesquisa eleitoral no dia das eleições, contanto que sejam seguidas algumas regras.

Em primeiro lugar, qualquer pesquisa realizada em data anterior ao do dia das eleições pode ser divulgada também no dia da eleição, conforme art. 11 da Resolução TSE nº 23.600/2019, no entanto, deve ser observado o prazo de cinco dias do registro antes da divulgação, o que leva ao entendimento de que, *contrario sensu*, a pesquisa feita a menos de cinco dia das eleições não poderá ser divulgada antes da votação.

No entanto, no caso de levantamento de intenção de

votos realizado no dia da votação para prefeito, vice-prefeito e vereador, o resultado só poderá ser divulgado a partir das 17h do horário local.

10.6 Obtenção dos dados relacionados às pesquisas

O Ministério Público, os candidatos, os partidos políticos e as coligações poderão obter acesso ao sistema interno de controle, verificação e fiscalização da coleta de dados das entidades e das empresas que divulgarem pesquisas de opinião relativas aos candidatos e às eleições, incluídos os referentes à identificação dos entrevistadores, mediante requerimento à Justiça Eleitoral.

Da mesma forma, poderão ainda confrontar e conferir os dados publicados por meio de escolha livre e aleatória de planilhas individuais, mapas ou equivalentes, devendo ser preservadas as identidades dos entrevistados.

Entretanto, no caso de partido que componha coligação majoritária, este não terá legitimidade para requerer o acesso a esses dados isoladamente, quando a pesquisa se referir ao cargo majoritário em disputa, ou seja, prefeito ou vice-prefeito.

10.7 Impugnações das pesquisas

A Resolução TSE nº 23.600/2019 lista como legítimos para impugnar o registro ou a divulgação de pesquisas o Ministério Público, os candidatos, os partidos e as coligações, quando não forem atendidas as exigências dessa Resolução e do art. 33 da Lei nº 9.504/1997.

No entanto, se o partido fizer parte de coligação para prefeito e vice-prefeito, não poderá impugnar isoladamente a pesquisa para esses cargos, uma vez que o § 4º do art. 6º da Lei nº 9.504/1997 restringe a legitimidade do partido coligado na atuação de forma isolada, no processo eleitoral, apenas para questionar a validade da própria coligação.

Os procedimentos relacionados à ação devem seguir o disposto na Resolução TSE nº 23.608/2019, que trata das representações, reclamações e dos pedidos de direito de resposta, sendo que deve ser protocolizado por advogado e autuado no Processo Judicial Eletrônico (PJe), na classe Representação (Rp).

Os candidatos, partidos, coligações e as entidades e empresas realizadoras de pesquisa podem requerer o arquivamento, em meio físico, na instância de origem, de procuração outorgada a seus advogados, com poderes gerais para o foro e para receber citações. Portanto, tal providência poderá ser tomada no Cartório Eleitoral, para facilitar e agilizar os procedimentos durante o transcorrer da representação.

Cabe salientar que outra novidade é a necessidade de constar da procuração os números de telefones com aplicativo de mensagens instantâneas, além do e-mail.

Quando se tratar de coligação, esta deverá estar devidamente identificada nas ações, com a nominação dos partidos que a compõem, mas, caso não haja essa identificação completa, na petição inicial ou na defesa, a Justiça Eleitoral deverá juntar aos autos relatório expedido pelo Sistema de Candidaturas (CAND) em que conste essa informação.

Considerando que o conteúdo de pesquisas podem causar significativas mudanças no cenário eleitoral e afetar a intenção dos eleitores, se o direito invocado na impugnação for considerado relevante e o possível prejuízo for de difícil reparação, o Juiz Eleitoral poderá determinar a suspensão da divulgação dos resultados da pesquisa impugnada ou a inclusão de esclarecimento na divulgação de seus resultados.

A eventual suspensão deverá ser comunicada não apenas ao responsável pelo registro, mas também ao contratante.

10.8 Divulgação de pesquisa sem as informações exigidas

Os valores de multa aplicáveis aos responsáveis pela divulgação de pesquisa sem as informações exigidas no art. 2º da Resolução TSE nº 23.600/2019 são bastante elevados, podendo chegar a R$ 106.410,00, e tem o mínimo estabelecido pelo § 3º do art. 33 da Lei nº 9.504/1997 em 50 mil UFIR, ou seja, R$ 53.205,00.

Quando comprovada a irregularidade dos dados publicados, ainda poderá ser determinado pelo Juiz Eleitoral a obrigatoriedade da veiculação dos dados corretos no mesmo espaço, local, horário, página, caracteres e outros elementos de destaque, de acordo com o veículo usado, numa tentativa de reequilibrar a disputa cuja igualdade de concorrência foi violada.

10.9 Crime de divulgação de pesquisa fraudulenta

No que se refere às sanções penais, a Lei nº 9.504/1997, no § 4º do art. 33, descreve a conduta de divulgação de pesquisa fraudulenta como crime, punível com detenção de seis meses a um ano e multa, nos mesmos valores das multas aplicáveis à divulgação de pesquisa sem as informações exigidas, de R$ 53.205,00 a R$ 106.410,00 (de cinquenta mil a cem mil UFIR).

10.10 Crime contra a ação fiscalizadora dos partidos

De acordo com o que foi visto anteriormente, os partidos poderão ter acesso ao sistema interno de controle, verificação e fiscalização da coleta de dados das entidades que divulgaram pesquisas de opinião relativas às eleições, mediante requerimento à Justiça Eleitoral.

Deferido o pedido, a entidade que divulgou a pesquisa de opinião não poderá deixar de cumprir a ordem de acesso, para que não implique na ocorrência do crime previsto no § 2º do art. 34 da Lei nº 9.504/1997, qual seja:

> § 2º O não-cumprimento do disposto neste artigo ou qualquer ato que vise a retardar, impedir ou dificultar a ação fiscalizadora dos partidos constitui crime, punível com detenção, de seis meses a um ano, com a alternativa de prestação de serviços à comunidade pelo mesmo prazo, e multa no valor de dez mil a vinte mil UFIR.

Como se pode observar, não apenas o não-cumprimento da ação fiscalizadora constitui crime, mas também retardar, impedir ou dificultar essa ação, que pode ocorrer de diversas formas, muitas vezes com ocultações ou simulações que embaraçam a fiscalização dos partidos.

Capítulo 11

PROPAGANDA ELEITORAL

11.1 Pré-candidatura

A propaganda eleitoral é permitida somente a partir de 16 de agosto do ano eleitoral. No entanto, antes dessa data, pode haver divulgação da pré-campanha, desde que não envolva o pedido explícito de voto, mesmo porque a lei não considera propaganda eleitoral antecipada a menção à pré-candidatura ou a exaltação pelo pré-candidato de suas qualidades pessoais.

Além disso, a pré-candidatura pode ser desenvolvida através dos seguintes atos:

> I - a participação de filiados a partidos políticos ou de pré-candidatos em entrevistas, programas, encontros ou debates na rádio, na televisão e na internet, inclusive com a exposição de plataformas e projetos políticos, observado pelas emissoras de rádio e de televisão o dever de conferir tratamento isonômico;
>
> II - a realização de encontros, seminários ou congressos, em ambiente fechado e a expensas dos partidos políticos, para tratar da organização dos processos eleitorais, da discussão de políticas públicas, dos planos de governo ou das alianças partidárias visando às eleições, podendo tais atividades serem divulgadas pelos instrumentos de comunicação intrapartidária;
>
> III - a realização de prévias partidárias e a

respectiva distribuição de material informativo, a divulgação dos nomes dos filiados que participarão da disputa e a realização de debates entre os pré-candidatos;

IV - a divulgação de atos de parlamentares e de debates legislativos, desde que não se faça pedido de votos;

V - a divulgação de posicionamento pessoal sobre questões políticas, inclusive em redes sociais, blogs, sítios eletrônicos pessoais e aplicativos (apps);

VI - a realização, a expensas de partido político, de reuniões de iniciativa da sociedade civil, de veículo ou meio de comunicação ou do próprio partido político, em qualquer localidade, para divulgar ideias, objetivos e propostas partidárias;

VII - campanha de arrecadação prévia de recursos através de "vaquinha eletrônica", a partir de 15 de maio do ano eleitoral.

Apesar de não ser permitido o pedido explícito de voto, o § 2º do art. 36-A da Lei nº 9.504/1997 traz a possibilidade de pedido de apoio político nas ações acima descritas, o que facilita a busca de adesão para desenvolvimento da campanha no período de propaganda. Entretanto, essa possibilidade de pedido de apoio político está vetada aos profissionais de comunicação social no exercício da profissão.

11.2 Propaganda antecipada

Antes da Emenda Constitucional 107, a propaganda eleitoral era considerada antecipada quando realizada antes de 16 de agosto do ano eleitoral. Com a alteração da data das eleições, o período de propaganda passou a iniciar após 26 de setembro, o que significa que qualquer propaganda eleitoral realizada em 26 de setembro ou em data anterior é considerada propaganda antecipada.

De acordo com jurisprudência do TSE, independe da distância temporal entre o ato impugnado e a data das eleições ou das convenções partidárias de escolha dos candidatos.

Na maioria dos casos, o cerne da questão está na existência ou não do pedido explícito de voto. Conforme decisão do TSE no Respe 2.564, em 07/02/2019, até a veiculação de expressões e frases com clara intenção de promover a reeleição de candidato, mas sem pedido explícito de votos, não encontra vedação na norma.

Também na internet, através de divulgação de fotos com o número e sigla do partido não é considerada propaganda antecipada, mas configura apenas divulgação de pré-candidatura, o que é admitido pela norma e encontra amparo no vigente entendimento do TSE acerca do tema, conforme acórdão de 11/09/2018 no julgamento do AgR-Respe nº 13.969, que teve como Relator o Ministro Jorge Mussi.

Entretanto, pode haver casos em que não se constata o pedido explícito de voto, mas são considerados como atos de propaganda antecipada, devido às características do meio e do conteúdo utilizado. O exemplo fica por conta da promoção pessoal de imagem em outdoor, fato que não era considerado como propaganda antecipada em 2016, mas que passou a ser após mudança de entendimento do TSE em 2019[7], em julgamento cujo Relator foi o Ministro Edson Fachin.

Já o art. 36-B da Lei nº 9.504/1997 prevê a ocorrência de propaganda eleitoral antecipada na convocação, por parte do Presidente da República, dos Presidentes da Câmara dos Deputados, do Senado Federal e do Supremo Tribunal Federal, de redes de radiodifusão para divulgação de atos que denotem

---

[7] TSE. Plenário considera promoção pessoal de imagem em outdoor ato de propaganda eleitoral antecipada. Acessível em: http://www.tse.jus.br/imprensa/noticias-tse/2019/Abril/plenario-do-tse-considera-promocao-pessoal-de-imagem-em-outdoor-ato-de-propaganda-eleitoral-antecipada

propaganda política ou ataques a partidos políticos e seus filiados ou instituições.

11.3 Poder de polícia na propaganda eleitoral

De uma forma geral, o poder de polícia sobre a propaganda eleitoral será exercido por Juízes Eleitorais e Juízes designados pelos TREs.

Em relação à propaganda eleitoral na internet, para as eleições municipais, o poder de polícia é exercido pelo Juiz Eleitoral da jurisdição no município e, naqueles com mais de uma Zona Eleitoral, pelos Juízes Eleitorais designados pelos respectivos TREs. O Juiz poderá inclusive determinar a retirada imediata do conteúdo da internet, quando sua forma ou meio de veiculação esteja em desacordo com o disposto na Resolução TSE nº 23.610/2019.

Cabe ressaltar que o poder de polícia se restringe às providências necessárias para inibir práticas ilegais, vedada a censura prévia sobre o teor dos programas e das matérias jornalísticas a serem exibidos na televisão, na rádio, na internet e na imprensa escrita.

Quando a conduta estiver sujeita a penalidades, o Juiz Eleitoral deve cientificar o Ministério Público, para as providências cabíveis.

11.4 Desinformação na propaganda eleitoral

A desinformação é um conjunto de técnicas utilizadas em comunicação para falsear a realidade ou induzir as pessoas ao erro que engloba várias possibilidades de manifestação, como criar suposta autoridade em um assunto para dar credibilidade à informação falsa, utilizar dados estatísticos sem identificação de fonte (imprecisão), sustentar posicionamentos com chavões do senso comum, apelar para o medo, usar dados históricos fora do contexto etc. Ou seja, a desinformação é bem mais ampla do que abrange o termo *fake news* e considerada mais apropriada à abordagem do assunto.

Por exemplo, o *fake news* é considerado como uma notícia

falsa, cujo conteúdo é inverídico. Entretanto, o uso de uma notícia verdadeira também pode causar o mesmo efeito enganador, quando retirado do seu contexto histórico. Pensemos em alguém que sofreu uma condenação em primeira instância e que foi absolvido em segunda instância, com trânsito em julgado há 10 anos. Caso se publique hoje que tal pessoa foi condenada em primeira instância, a informação não é falsa, entretanto induz ao erro devido à omissão da absolvição ocorrida posteriormente.

A prática da desinformação pode corresponder aos crimes eleitorais de injúria, calúnia e difamação e está sujeita, além das correspondentes penas criminais, ao exercício do direito de resposta.

Considerando o previsto no art. 9º da Resolução TSE nº 23.610/2019, os candidatos, partidos e coligações devem estar bastante atentos quando divulgarem qualquer modalidade de conteúdo, inclusive o veiculado por terceiros, pois a utilização desse conteúdo pressupõe que o candidato, o partido ou a coligação tenha verificado a presença de elementos que permitam concluir, com razoável segurança, pela fidedignidade da informação. Ou seja, já não se admite justificativa de desconhecimento ou ingenuidade em matéria de propaganda eleitoral, quando se trata de desinformação, uma vez que a prática de *fake news* e de outras técnicas já são bastante conhecidas[8].

11.5 Regras gerais da propaganda eleitoral

Apesar de não ser possível para o Juiz Eleitoral interpretar a propaganda eleitoral de forma a inviabilizar a publicidade das candidaturas ou embaraçar a crítica de natureza política, não podem ser empregados meios publicitários destinados a criar, artificialmente, na opinião

---

[8] Remeto o leitor ao site do TSE que trata do Programa de Enfrentamento da Desinformação, no qual está disponível amplo conteúdo em vídeo: http://www.justicaeleitoral.jus.br/desinformacao/#desinformacao-videos

pública, estados mentais, emocionais ou passionais. Além disso, é obrigatório mencionar a legenda partidária em qualquer modalidade de propaganda eleitoral ou a legenda de todos os partidos que integrem a coligação majoritária.

Por outro lado, a Justiça Eleitoral deve adotar medidas para impedir ou fazer cessar imediatamente a propaganda realizada com esses meios publicitários vedados.

Os atos de propaganda eleitoral que importem abuso do poder econômico, abuso do poder político ou uso indevido dos meios de comunicação social, independentemente do momento de sua realização ou verificação, poderão ser objeto de investigação judicial com o objetivo de cumprir o disposto no art. 22 da LC nº 64/1990, podendo ter como consequência a declaração de inelegibilidade do infrator, mesmo após a proclamação dos eleitos, sem excluir a possibilidade da ação penal.

No que se refere à realização de qualquer ato de propaganda partidária ou eleitoral, em recinto aberto ou fechado, esta não depende de licença da polícia, mas o candidato, o partido político ou a coligação que promover o ato deverá fazer a devida comunicação à autoridade policial com, no mínimo, vinte e quatro horas de antecedência, a fim de ter garantida a prioridade de usar o local, caso outros informem ato semelhante para o mesmo dia e horário.

Como regra de caráter geral ainda, há a proibição de veiculação de propaganda de qualquer natureza, inclusive pichação, inscrição a tinta e exposição de placas, estandartes, faixas, cavaletes, bonecos e assemelhados nos bens cujo uso dependa de cessão ou permissão do poder público, ou que a ele pertençam, e nos bens de uso comum, inclusive postes de iluminação pública, sinalização de tráfego, viadutos, passarelas, pontes, paradas de ônibus e outros equipamentos urbanos. Cabe ressaltar que para fins eleitorais, são considerados como bens de uso comum cinemas, clubes, lojas, centros comerciais, templos, ginásios, estádios, ainda que de propriedade privada, nos quais é também proibida a propaganda eleitoral.

A proibição de propaganda ainda se estende a árvores e

aos jardins localizados em áreas públicas, bem como em muros, cercas e tapumes divisórios, mesmo que não lhes cause dano.

11.6 Regras específicas da propaganda eleitoral

Aqui, trataremos da propaganda nas modalidades previstas na legislação, com suas especificidades.

11.6.1 Propaganda nas fachadas das sedes dos partidos e comitês

A propaganda realizada nas fachadas das sedes, dependências dos partidos e comitês de campanha deve respeitar as regras previstas no art. 14 da Resolução TSE nº 23.610/2019, que traz em detalhes as dimensões e os cuidados necessários à exposição desse tipo de propaganda.

No que se refere especificamente à propaganda em comitê de campanha, deve-se comunicar no DRAP o endereço do comitê central de campanha, no registro de candidatura.

11.6.2 Utilização de alto-falantes

Até a véspera da eleição, é possível a utilização de alto-falantes ou amplificadores de som, no período de 8h às 22h sendo vedados a instalação e o uso desses equipamentos em distância inferior a 200m dos seguintes locais: 1) das sedes dos Poderes Executivo e Legislativo da União, dos Estados, do Distrito Federal e dos Municípios, das sedes dos tribunais judiciais, dos quartéis e de outros estabelecimentos militares; 2) dos hospitais e das casas de saúde; 3) das escolas, das bibliotecas públicas, das igrejas e dos teatros, quando em funcionamento.

11.6.3 Utilização de trios elétricos, carros de som e minitrios

Os trios elétricos (amplificação maior que vinte mil watts) só podem ser utilizados atualmente para sonorização de comícios. No caso de carros de som (amplificação máxima até dez mil watts) e minitrios (amplificação maior que dez mil e até vinte mil watts), estes podem ser usados como meio de propaganda eleitoral permitida apenas em carreatas, caminhadas e passeatas ou durante reuniões e comícios. Portanto, não é permitida a contratação de carro de som para trafegar nos municípios divulgando a campanha isoladamente.

A aparelhagem de som deve observar também o limite de 80dB (oitenta decibéis) de nível de pressão sonora, medido a 7m (sete metros) de distância do veículo.

11.7 Showmício

O showmício, bastante utilizado em eleições no passado, beneficiava apenas dois tipos de candidato: aquele que tinha amplos recursos financeiros para a campanha e os próprios artistas que se lançavam candidatos. Parecia, na verdade, o *panis et circus* romano, em que o pão se revestia da compra de votos e a animação do circo era o próprio showmício, às vezes até pago com dinheiro público.

Com a proibição do showmício em 2006, através da inclusão do § 7º no art. 39 da Lei nº 9.504/1997, tornou-se mais igualitária a disputa.

Portanto, são proibidos os showmícios ou qualquer evento assemelhado para promoção de candidatos, bem como a apresentação, remunerada ou não, de artistas com a finalidade de animar comício e reunião eleitoral.

11.8 Propaganda de rua

A propaganda de rua é permitida através da colocação de mesas para distribuição de material de campanha e a utilização de bandeiras ao longo das vias públicas, desde que móveis e que não dificultem o bom andamento do trânsito de pessoas e veículos. Para que se caracterize como móvel, deve haver a colocação e a retirada dos meios de propaganda entre 6 e 22h.

O derrame ou a anuência com o derrame de material de propaganda no local de votação ou nas vias próximas configura propaganda irregular. Neste caso, a responsabilidade do candidato não depende de prévia notificação e estará caracterizada com a simples existência de circunstâncias que revelem a impossibilidade de o beneficiário não ter tido conhecimento da propaganda.

11.9 Propaganda em veículos e outros bens particulares

A propaganda eleitoral é possível nos bens particulares desde que seja espontânea e gratuita, sendo vedado qualquer tipo de pagamento em troca de espaço para essa finalidade.

Em automóveis, caminhões, bicicletas, motocicletas e janelas residenciais, pode-se colocar adesivo plástico, desde que não exceda a meio metro quadrado, mas a justaposição de vários adesivos que ultrapasse esse tamanho caracteriza propaganda irregular.

Também é permitida a colocação de adesivo microperfurado na extensão total do para-brisa traseiro dos veículos, sendo proibido o envelopamento.

No entanto, é vedada a propaganda eleitoral por meio de outdoors, inclusive eletrônicos, sujeitando-se a empresa responsável, os partidos políticos, as coligações e os candidatos à imediata retirada da propaganda irregular e ao pagamento de multa no valor de R$ 5.000,00 a R$ 15.000,00, conforme § 8° do art. 39 da Lei n° 9.504/1997.

11.10 Propaganda por telemarketing

De acordo com o art. 57-J da Lei n° 9.504/1997, é vedada a propaganda por telemarketing, em qualquer horário.

11.11 Material impresso de propaganda

De acordo com o § 1° do art. 38 da Lei n° 9.504/1997, todo material impresso de campanha eleitoral deverá conter o número de inscrição no CNPJ ou o número de inscrição no CPF do responsável pela confecção, bem como de quem a contratou, e a respectiva tiragem. Havendo ausência desses elementos, poderá responder o infrator pelo emprego de processo de propaganda vedada e, se for o caso, pelo abuso de poder econômico.

A distribuição de folhetos, adesivos, volantes e outros impressos independe da obtenção de licença municipal e de autorização da Justiça Eleitoral, mas o material deve ser editado sob a responsabilidade do partido político, da coligação ou do candidato, sendo-lhes facultada, inclusive, a impressão em braile dos mesmos conteúdos.

11.12 Propaganda na internet

A violência com que se tem realizado as campanhas nas redes sociais já se comprovou bem maior do que por outros meios de propaganda. Segundo Chiari (CHIARI, 2017, pág. 112):

> É indubitável a crescente importância dada às redes sociais como ferramenta de *marketing* político eleitoral. Os candidatos, partidários, militantes, simpatizantes lançam mão desses recursos para disseminar suas propostas, ideias e também para divulgar informações contra seus opositores. A agressividade produzida nesses meios é extremamente maior e mais intensa se comparada aos discursos construídos em outros *médiuns*, como os debates e os *sites* oficiais.

O que não se pode achar mais é que a internet é terra sem lei, na qual são cometidos todos os tipos de ilícitos eleitorais possíveis, sem qualquer punição. Daí a Justiça Eleitoral estar intensificando o controle das veiculações pela internet, inclusive com a participação de instituições como a Polícia Federal.

A campanha na internet se inicia em 27 de setembro e pode ser realizada por meio de blogs, redes sociais e sites, mas apenas partidos e candidatos poderão contratar o impulsionamento de conteúdo, que é a única exceção de veiculação de propaganda eleitoral paga na internet.

Pode ser utilizado também o envio de mensagem eletrônica para endereços cadastrados gratuitamente pelo candidato ou pelo partido, além de sites de mensagens instantâneas, mas deve ser possível o descadastramento pelo destinatário.

No entanto, é vedada, ainda que gratuitamente, a veiculação de propaganda eleitoral em sites de pessoas jurídicas, com ou sem fins lucrativos e em sites oficiais ou hospedados por órgãos ou por entidades da administração pública direta ou indireta da União, dos Estados, do Distrito Federal e dos Municípios.

Além disso, está sujeito a sanções como a de multa quem realizar propaganda eleitoral na internet atribuindo indevidamente sua autoria a terceiro.

As violações às regras de propaganda eleitoral na internet podem implicar em multa que ultrapassa R$ 30.000,00 e no direito de resposta, além de poder se caracterizar crimes como os injúria, calúnia e difamação.

O procedimento de remoção de conteúdo de propaganda na internet tem regras próprias, previstas no art. 38 da Resolução TSE nº 23.610/2019.

11.13 Propaganda eleitoral na imprensa

De acordo com o art. 43 da Lei n° 9.504/1997, são permitidas, até a antevéspera das eleições, a divulgação paga, na imprensa escrita, e a reprodução na internet do jornal impresso, de até dez anúncios de propaganda eleitoral, por veículo, em datas diversas, para cada candidato, no espaço máximo, por edição, de um oitavo de página de jornal padrão e de um quarto de página de revista ou tabloide, sendo que deverá constar do anúncio, de forma visível, o valor pago pela inserção.

11.14 Programa normal de rádio e televisão

É vedado às emissoras de rádio e TV, em sua programação normal, a partir de 06 de agosto do ano eleitoral, conforme previsto 45 da Lei n° 9.504/1997:

> I - transmitir, ainda que sob a forma de entrevista jornalística, imagens de realização de pesquisa ou qualquer outro tipo de consulta popular de natureza eleitoral em que seja possível identificar o entrevistado ou em que haja manipulação de dados;
>
> II - veicular propaganda política;
>
> III - dar tratamento privilegiado a candidato, partido político ou coligação;
>
> IV - veicular ou divulgar filmes, novelas, minisséries ou qualquer outro programa com alusão ou crítica a candidato ou a partido político, mesmo que dissimuladamente, exceto programas jornalísticos ou debates políticos;
>
> V - divulgar nome de programa que se refira a candidato escolhido em convenção, ainda quando preexistente, inclusive se coincidente com o nome do candidato ou o nome por ele indicado para uso na urna eletrônica, e, sendo coincidentes os nomes do programa e do candidato, fica proibida a sua divulgação, sob pena de cancelamento do respectivo registro.

Já a partir de 30 de junho é vedado, ainda, às emissoras transmitir programa apresentado ou comentado por pré-candidato.

Por fim, as multas pela violação dos dispositivos relacionados à programação normal de rádio e TV são bastante elevadas, chegando a R$ 106.410,00, podendo ser duplicada no caso de reincidência.

11.15 Propaganda gratuita de rádio e televisão

É bem verdade que a propaganda na TV ainda pode proporcionar um grande impacto no eleitorado, devido às suas características. É o terreno em que a atração pessoal do candidato deve despontar, às vezes em detrimento do próprio conteúdo do discurso. Nesse sentido, Santos (SANTOS, 2008) constata que há sempre a preocupação na:

> (...) utilização de recursos de áudio e vídeo, o cuidado em apresentar o candidato sempre disposto e saudável, a necessidade de uma produção musical consistente, ou ainda, a importância de fazer crer o eleitor que o futuro será sempre melhor com este e não com outros candidatos. E isso, muitas vezes, tentando mostrar que ser a proposta desse ou daquele candidato melhor é consequência mais das suas características pessoais do que das ideias nela contida.

Então, passemos a tratar das importantes regras da propaganda gratuita de rádio e TV para as eleições municipais.

Primeiramente, ressalte-se que a propaganda gratuita de rádio e TV deve ser veiculada nas emissoras de rádio, inclusive nas comunitárias, e de televisão que operam em VHF e UHF, bem como nos canais de TV por assinatura sob a responsabilidade do Senado Federal, da Câmara dos Deputados, das Assembleias Legislativas, da Câmara Legislativa do Distrito Federal ou das Câmaras Municipais.

Para as Eleições 2020, a propaganda de rádio e TV que se iniciaria em 28 de agosto e se concluiria em 1° de outubro, passou a ter a data de início para depois de 26 de setembro, conforme Emenda Constitucional 107.

No caso de programa em rede, este é exibido no mesmo horário pelas emissoras, sendo que, normalmente, uma delas transmite o conteúdo e as demais o retransmitem. Já as inserções são distribuídas na programação diária das emissoras entre 5h e 24h.

O programa em rede apenas para candidatos a prefeito, nas eleições municipais, ocorre de segunda-feira a sábado na rádio, das 7h às 7h10 e das 12h às 12h10, e na televisão, das 13h às 13h10 e das 20h30 às 20h40.

No caso da propaganda por inserções, o tempo será dividido na proporção de sessenta por cento para prefeito e de quarenta por cento para vereador, e só serão exibidas as inserções de televisão nos municípios em que houver estação geradora de serviços de radiodifusão de sons e imagens.

Para veicular a propaganda por inserções, as emissoras de rádio e de televisão devem reservar, de segunda-feira a domingo, 70 minutos diários para a propaganda eleitoral gratuita em inserções de 30 e 60 segundos, e distribuídas, ao longo da programação.

O plano de mídia, no qual ficam definidos os momentos em que a propaganda de cada partido será exibida na parcela do horário a que têm direito, deve ser elaborado no período de 15 a 26 de agosto, através de convocação da Justiça Eleitoral.

Nos municípios em que houver segundo turno, as emissoras de rádio e de televisão reservarão, a partir da sexta-feira seguinte à realização do primeiro turno e até a antevéspera da eleição, horário destinado à divulgação da propaganda eleitoral gratuita em rede.

Capítulo 12

Direito de Resposta na Propaganda Eleitoral

12.1 Função e aplicação do direito de resposta

O direito de resposta na propaganda eleitoral pode ser utilizado para ofensas veiculadas em quaisquer veículos de comunicação social, como órgãos de imprensa escrita, na programação normal das emissoras de rádio e de televisão, no horário eleitoral gratuito, na internet e em todos os meios de comunicação interpessoal, tais como os de mensagens eletrônicas ou instantâneas.

A existência do direito de resposta está relacionada à necessidade de realizar esclarecimento quanto à divulgação de conteúdo ofensivo que atinge, mesmo que de forma indireta, candidato, partido ou coligação, através do uso de conceito, imagem ou afirmação caluniosa, difamatória, injuriosa ou sabidamente inverídica.

Não tem apenas o fim de restabelecer a credibilidade política atacada, mas também deve possibilitar ao ofendido elucidar situações que desabonem sua conduta.

Dessa forma, deve-se entender que o direito de resposta na propaganda eleitoral, apesar de listados apenas candidatos, partidos ou coligações no art. 58 da Lei nº 9.504/1997, estende-se também àqueles que, não estando diretamente ligados às eleições como candidatos, tenham sua honra vilipendiada, em função da previsão constitucional do direito de resposta, no inciso V do art. 5º, que não faz distinção quanto às ofensas proferidas em campanha eleitoral e nem ao meio utilizado.

No mesmo entendimento, Tenório (2014, pág. 299) afirma que (...) o direito de resposta pode ser pleiteado por qualquer pessoa física ou jurídica (TSE, RESPE 15.532, 1998).

Para ele, isso é reflexo da garantia constitucional à honra e à imagem.

É necessário distinguir, entretanto, as críticas e simples discordâncias que não extrapolem a verdade e os limites de respeito à honra alheia daquelas ofensas propriamente ou do uso de desinformação ou inverdades. Avaliações e indicações de pontos negativos sobre propostas ou de opiniões contrárias são legítimas na vida política, quando subjaz o princípio democrático, cuja sobrevivência depende da tolerância aos que não compactuam dos mesmos modos de pensar e entender o que é melhor para a coletividade.

Nesse sentido, o Ministro João Otávio de Noronha assim decidiu no TSE:

> "Propaganda partidária. Crítica. Promessa de campanha. Direito de resposta. Descabimento. 1. De acordo com a jurisprudência do Tribunal Superior Eleitoral, a realização de críticas a promessa de campanha, na propaganda partidária, configura o posicionamento de partido político sobre tema de interesse político-comunitário e não enseja direito de resposta. 2. Na espécie, não houve divulgação de informação inverídica na propaganda partidária, mas tão somente crítica a determinada promessa de campanha que não teria sido cumprida [...]". (Ac. de 27.2.2014 no AgR-REspe nº 3.059, rel. Min. João Otávio de Noronha.)

No que se refere aos processos de pedido de direito de resposta, o § 6º do art. 58 da Lei nº 9.504/1997 prevê que a Justiça Eleitoral deve proferir suas decisões no prazo máximo de vinte e quatro horas. Já o art. 58-A da mesma Lei determina a prioridade dos pedidos de direito de resposta e das representações por propaganda eleitoral irregular em rádio, televisão e internet, que tramitarão preferencialmente em relação aos demais processos em curso na Justiça Eleitoral.

Quanto às sansões relativas ao não-cumprimento integral ou em parte da decisão que conceder o direito de resposta, poderá ser aplicada ao infrator o pagamento de multa no valor de cinco mil a quinze mil UFIR, sendo duplicada em caso de reiteração de conduta, e ainda ficará sujeito a responder pelo crime de desobediência.

12.2 Prazos para requerer o direito de resposta

A contagem do prazo para que o ofendido requeira o exercício do direito de resposta se inicia a partir da veiculação da ofensa e é feita em horas, conforme se pode observar no Quadro 6.

Portanto, é necessário fazer a comprovação do momento da veiculação da propaganda, para que se possa verificar a tempestividade do requerimento. O caso mais complicado para isso é o que está relacionado a conteúdo que já foi retirado da internet, pois o interessado deve obter, pelo menos, a prova de que o conteúdo estava sendo veiculado nas últimas 72 horas.

Meio da Veiculação	Prazo em Horas
No horário eleitoral gratuito	24
Na programação normal das emissoras de rádio e televisão	48
Conteúdo mantido na internet	A qualquer tempo
Conteúdo retirado da internet	72

Quadro 6: prazos para requerer o exercício do direito de resposta.

E qual o tratamento que deve ser dado às mensagens instantâneas em celular? O prazo começaria a contar do momento da veiculação da ofensa?

É certo que a mensagem instantânea não é uma postagem em site da internet, mas tem bastante semelhança a essa.

Por sua vez, a mensagem instantânea não está sujeita ao controle do emissor, como no caso de um perfil de rede social, na qual o responsável pode retirar a qualquer momento o conteúdo postado. Além disso, enquanto a mensagem estiver presente num grupo, por exemplo, caso não seja esclarecido seu conteúdo, poderá até ser considerada como verdade e repassada pelos componentes do grupo que não tiverem o devido cuidado de averiguar tal conteúdo.

Dessa forma, a mensagem instantânea, no que se refere ao prazo para requerimento do exercício do direito de resposta, deve ter o mesmo tratamento do conteúdo mantido na internet, ou seja, deve possibilitar o requerimento a qualquer tempo. Não obstante ser racional e adequada essa abordagem, considerando que não há decisão ainda que contemple essa hipótese, os Juízes e Tribunais podem dar soluções diferentes dessa, conforme a especificidade de cada caso.

12.3 Veiculação do direito de resposta na imprensa escrita

A resposta na imprensa escrita deve ser veiculada no mesmo veículo, espaço, local, página, tamanho, caracteres e outros elementos de realce usados na ofensa, em quarenta e oito horas após a decisão. No caso de a periodicidade do veículo ser maior que quarenta e oito horas, a veiculação se dará na primeira vez que circular após a decisão. No entanto, o ofendido pode requerer que a veiculação da resposta se dê no mesmo dia da semana em que foi veiculada a ofensa, sem necessidade de cumprir o prazo de quarenta e oito horas, uma vez que o objetivo é o de que a resposta tenha o mesmo alcance e efeitos os mais próximos possíveis dos da ofensa, semelhante a um antídoto dado na hora certa contra um veneno.

Pode acontecer também de a ofensa ser produzida em dia e hora que inviabilizem sua reparação dentro dos prazos estabelecidos na legislação, caso em que a Justiça Eleitoral deve determinar a imediata divulgação da resposta.

Veiculada a resposta, o ofensor deve provar nos autos o cumprimento da decisão, mediante dados sobre a regular distribuição dos exemplares, a quantidade impressa e o raio de abrangência na distribuição.

12.4 Veiculação do direito de resposta na programação normal das emissoras

O primeiro passo do procedimento de resposta a ofensas veiculadas na programação normal das emissoras, após o recebimento do pedido, é a Justiça Eleitoral determinar imediatamente o responsável pela emissora que realizou o programa para que entregue em vinte e quatro horas cópia da fita da transmissão, a qual será devolvida após a decisão.

Considerando que a notificação realizada nesse sentido deve ser cumprida sob pena de incorrer o resistente no crime eleitoral de desobediência, constante do art. 347 do Código Eleitoral, a ordem deve ser nominal e expressamente direcionada ao cumprimento, sob as penas previstas para o ato típico de recusar alguém cumprimento ou obediência a diligências, ordens ou instruções da Justiça Eleitoral ou opor embaraços à sua execução.

Ocorre que, após recebimento da notificação ou de informação do reclamante utilizando cópia protocolizada do pedido de resposta, o responsável pela emissora deve preservar a gravação até decisão final do processo.

A veiculação da resposta será dada em até quarenta e oito horas após a decisão que defere o pedido, em tempo igual ao da ofensa, porém nunca será inferior a um minuto.

12.5 Veiculação do direito de resposta no horário eleitoral gratuito

No caso do horário gratuito, pode ocorrer de mais de uma emissora atuar como geradora dos programas, por exemplo, uma na primeira metade do período de propaganda eleitoral gratuita e a outra na segunda metade desse período. Isso é importante porque deve-se saber a qual emissora serão enviados notificação e o meio magnético com a resposta, se deferido o pedido.

O tempo de resposta será igual ao do utilizado na ofensa e nunca inferior a um minuto, mas, se o tempo disponível do responsável pela ofensa for menor que um minuto, a resposta será levada ao ar tantas vezes quantas sejam necessárias para a sua complementação.

A alínea "e" do inciso III do art. 58 da Lei nº 9.504/1997 determina que a resposta deverá ser entregue à emissora geradora, até trinta e seis horas após a ciência da decisão, para veiculação no programa subsequente do partido ou coligação em cujo horário se praticou a ofensa.

Por sua vez, o ofendido que obteve o direito de exercício da resposta deve utilizá-lo com esse fim de responder aos fatos veiculados. Se não o fizer, terá subtraído tempo idêntico do respectivo programa eleitoral, se candidato, partido ou coligação. Tratando-se de terceiros, ficarão sujeitos à suspensão de igual tempo em eventuais novos pedidos de resposta e à multa no valor de duas mil a cinco mil UFIR. Portanto, não é suficiente apenas saber "buscar" o direito, mas deve o requerente saber também fazer uso dele.

Cabe observar que a previsão de suspensão de igual tempo em eventuais novos pedidos de resposta e de multa no valor de duas mil a cinco mil UFIR para "terceiros", conforme constante da alínea "f" do inciso III do art. 58 da Lei nº 9.504/1997, indica que há legitimidade para qualquer ofendido na propaganda eleitoral para requerer o exercício do direito de resposta, de acordo com o que já indicamos anteriormente, neste Capítulo.

12.6 Veiculação do direito de resposta em propaganda eleitoral na internet

No caso da ofensa que ocorre na internet, deferido o pedido, o usuário ofensor deverá divulgar a resposta do ofendido em até quarenta e oito horas após sua entrega em mídia física, e deverá empregar nessa divulgação o mesmo impulsionamento de conteúdo eventualmente contratado e o mesmo veículo, espaço, local, horário, página eletrônica, tamanho, caracteres e outros elementos de realce usados na ofensa.

A resposta ficará disponível para acesso pelos usuários do serviço de internet por tempo não inferior ao dobro em que esteve disponível a mensagem considerada ofensiva e os custos de sua veiculação devem ser arcados pelo responsável pela propaganda ofensiva.

Capítulo 13

Debates

A participação em debates transmitidos por emissoras de rádio e televisão está garantida para os candidatos dos partidos com representação de, no mínimo, cinco parlamentares no Congresso Nacional, inclusive para os que estiverem *sub judice*. Portanto, não pode haver nem mesmo acordo entre partidos e emissora com o objetivo de excluir determinado candidato cujo partido tenha essa representação mínima. Para os demais, a participação é facultativa, entretanto, se algum candidato for convidado pela emissora, ele não pode ser excluído do debate pelos demais partidos.

As regras do debate devem ser previamente acertadas entre os partidos e a pessoa jurídica que o realizará, sendo que deve ser dada ciência à Justiça Eleitoral do que foi estabelecido. Para que sejam consideradas aprovadas, as regras têm de ter a concordância de pelo menos 2/3 dos candidatos a prefeito dos partidos com, no mínimo, cinco parlamentares no Congresso Nacional. No caso de debates para vereadores, 2/3 dos partidos com candidatos aptos a participarem do debate têm de concordar com as regras.

O debate pode ocorrer sem a presença de candidato que tenha sua participação garantida, contanto que se comprove que este candidato tenha sido convidado com antecedência mínima de 72 horas.

No caso de debates para vereadores, um mesmo candidato não pode participar de mais de um debate na mesma emissora.

Se não existir acordo quanto às regras dos debates, a emissora deve obedecer ao seguinte: 1) para prefeitos, a apresentação do debate poderá ser em conjunto, com todos os candidatos, ou em grupos, com a presença de, no mínimo, três candidatos; 2) para vereadores, deve ser garantida a presença de número equivalente de candidatos de todos os partidos, podendo ocorrer em mais de um dia.

A ordem da fala e o dia (se for o caso) devem ser escolhidos mediante sorteio, sendo que o debate pode ser transformado em entrevista, caso apenas um candidato compareça.

Capítulo 14

Garantias aos Candidatos e Eleitores

O Código Eleitoral prevê no art. 236 que nenhum eleitor poderá ser preso ou detido, desde cinco dias antes até 48 horas após o encerramento da eleição, exceto em flagrante delito ou em virtude de sentença criminal condenatória por crime inafiançável, ou, ainda, por desrespeito a salvo-conduto.

O salvo-conduto pode ser expedido pelo Juiz Eleitoral ou pelo presidente da mesa receptora em favor de eleitor que sofrer violência, moral ou física, na sua liberdade de votar, ou pelo fato de haver votado.

A validade do salvo-conduto compreende o período de 72 horas antes e 48 horas depois do pleito. De acordo com o art. 235 do Código Eleitoral, o salvo-conduto poderá ser expedido com a cominação de prisão até cinco dias por desobediência.

Os membros das mesas receptoras e fiscais de partido, durante o exercício de suas funções, têm a garantia de que não serão detidos ou presos, salvo o caso de flagrante delito. Os candidatos têm essa mesma garantia, mas ela se inicia desde quinze dias antes da eleição.

Caso ocorra qualquer prisão, a pessoa presa deve ser conduzida imediatamente à presença do juiz competente que a relaxará, se verificar a ilegalidade da detenção, e promoverá a responsabilidade do coator.

Cabe ressaltar que o inciso LXI do art. 5º da CF/88 já prevê garantida semelhante, nos seguintes termos:

> LXI - ninguém será preso senão em flagrante delito ou por ordem escrita e fundamentada de autoridade judiciária competente, salvo nos casos de transgressão militar ou crime propriamente militar, definidos em lei;

Portanto, qualquer prisão realizada que não atenda as exigências legais e constitucionais poderá acarretar responsabilização ao autor da prisão. No entanto, todos estão sujeitos à prisão em flagrante delito.

Capítulo 15

FISCALIZAÇÃO E AUDITORIA DOS SISTEMAS ELEITORAIS

15.1 Votação paralela

A votação paralela (auditoria da votação eletrônica) é um procedimento de auditoria para verificar o funcionamento das urnas eletrônicas. Estas são sorteadas dentre as urnas do Estado que seriam utilizadas na votação oficial e são levadas dos locais de votação para o Tribunal Regional Eleitoral, a fim de ser realizada uma votação simulada.

A seção eleitoral que teve sua urna sorteada para a votação paralela receberá outra urna com os mesmos dados da substituída, com o objetivo de recepcionar os votos dos eleitores.

Tudo é realizado numa cerimônia pública, gravada em vídeo, com a presença de fiscais de partido, representantes do Ministério Público e da OAB, candidatos e interessados em verificar se a urna está computando os votos corretamente.

O procedimento é simples: são utilizadas cédulas de papel previamente preenchidas com votos para os candidatos e os mesmos votos das cédulas são digitados na urna eletrônica. No encerramento do pleito, às 17h, são totalizados os votos em cédula e comparados com o resultado da votação constante do boletim dessas urnas. Estando iguais os totais de votos dados a cada candidato em cédula e aqueles constantes do boletim de urna, significa que o voto digitado na urna eletrônica é registrado exatamente como foi digitado.

Cabe observar que nunca houve discordância entre os votos das cédulas e os votos constantes do boletim das urnas, nos procedimentos de auditoria de votação paralela.

15.2 Conferência do boletim de urna

O boletim de urna emitido no final da eleição com os votos dos candidatos de cada seção é disponibilizado a partidos e Ministério Público, sendo que o presidente da seção eleitoral recebe uma das vias do boletim, a fim de realizar a conferência dos votos apurados pelo sistema de totalização.

O procedimento também é bastante simples, pois basta o interessado comparar os votos constantes do boletim de urna com aqueles apurados em cada seção eleitoral, disponibilizado no site do TRE.

Essa conferência é muito importante, primeiro porque é realizada por pessoas que não têm qualquer ligação com a Justiça Eleitoral e, segundo, porque pode ser realizada a conferência de todas as seções do país.

Nunca se registrou qualquer discordância entre esses boletins de urna e os votos apurados pelo sistema de totalização.

15.3 Auditoria do sistema eletrônico de votação

Existem diversos procedimentos de auditoria do sistema eletrônico de votação, relacionadas às cerimônias nas quais são realizadas a assinatura digital (forma eletrônica de garantir a autenticidade de um documento do sistema), lacração dos sistemas (gravação dos programas assinados em mídia não regravável), lacração das urnas (colocação de lacre físico), geração de tabelas de correspondência (consiste na associação entre determinada seção e a urna preparada para votação especificamente nesta seção), teste público de segurança (realizado mediante a participação e colaboração de especialistas, na busca por problemas ou fragilidades), dentre outros procedimentos de auditoria de sistemas.

Os procedimentos de auditoria constam da Resolução TSE nº 23.603/2019, sendo que atuam como entidades fiscalizadoras os partidos políticos e coligações, a Ordem dos Advogados do Brasil, o Ministério Público, o Congresso Nacional, o Supremo Tribunal Federal, a Controladoria-Geral da União, a Polícia Federal, a Sociedade Brasileira de Computação, o Conselho Federal de Engenharia e Agronomia, o Conselho Nacional de Justiça, o Conselho Nacional do Ministério Público, o Tribunal de Contas da União, as Forças Armadas, os Departamentos de tecnologia da informação de universidades credenciadas junto ao Tribunal Superior Eleitoral e as entidades privadas brasileiras, sem fins lucrativos, com notória atuação em fiscalização e transparência da gestão pública, credenciadas junto ao Tribunal Superior Eleitoral.

Capítulo 16

CONDUTAS NA VÉSPERA E NO DIA DAS ELEIÇÕES

16.1 Crimes eleitorais e conduta do eleitor no dia de votar

Durante o período das eleições, diversas condutas se caracterizam como crimes eleitorais, alguns previstos no Código Eleitoral, outros na Lei das Eleições, e devem ter atenção especial dos eleitores, dos candidatos e das pessoas a serviço da Justiça Eleitoral, pois a sua ocorrência poderá implicar em condenações bastante elevadas, chegando até a 10 anos de reclusão.

É o caso, por exemplo, de crimes como o de causar, propositadamente, dano físico ao equipamento usado na votação, conforme previsto no art. 72 da Lei das Eleições. Em 2014, por exemplo, foi registrada a ocorrência desse tipo de crime numa seção eleitoral em Minas Gerais, onde o eleitor colocou fogo na urna, danificando-a de forma irreversível.

Mas não é preciso chegar a tanto. Mesmo algumas condutas que são normais em determinados períodos tornam-se crimes, se executadas no dia da votação. Os mais comuns estão relacionados à propaganda eleitoral, devido ao fato de ser proibida a divulgação de qualquer espécie de propaganda de partidos ou de candidatos no dia das eleições. Seja distribuição de santinhos, sejam carreatas, passeatas, comícios, arregimentação de eleitores ou a própria boca de urna, todas essas condutas se constituem crimes eleitorais, puníveis com detenção de seis meses a um ano e multa que pode chegar a mais de R$ 15.000,00.

E é interessante que a ocorrência de crimes relativos à propaganda independe da distância do local de votação, pois alcança qualquer espécie de propaganda de partidos ou de candidatos realizada no dia do pleito, na circunscrição eleitoral. Sendo assim, essa é a regra geral: qualquer propaganda de candidato ou partido no dia das eleições é crime.

A Lei nº 13.488/2017 incluiu ainda o inciso V no § 5º do art. 39 da Lei nº 9.504/1997, tornando crime a publicação de novos conteúdos ou o impulsionamento de conteúdos no dia das eleições, nas aplicações de internet como site do candidato ou partido, blogs, redes sociais, sites de mensagens instantâneas e assemelhados, podendo ser mantidos em funcionamento as aplicações e os conteúdos publicados anteriormente.

Apesar da clareza das regras e das constantes advertências da Justiça Eleitoral, é lamentável a constatação de que tem ocorrido de forma reiterada a propaganda eleitoral no dia das eleições, principalmente através de distribuição de material nos locais de votação e em suas proximidades, o que deve ser reprimido na forma da lei, ou seja, com a prisão dos que realizarem essa distribuição. Isso garante a igualdade de concorrência dos candidatos.

A compra de voto também é outro crime que costuma ocorrer na véspera e no dia das eleições. Sobre tal conduta, resta afirmar que o candidato que tenta comprar voto não merece a atenção do eleitor, pois, caso seja eleito, certamente continuará agindo como corrupto no exercício do cargo público. Além disso, o eleitor também comete crime se receber qualquer vantagem em troca do voto ou pela sua abstenção, estando sujeito às penas de reclusão de até quatro anos e multa.

Os eleitores, no dia da votação, devem se dirigir às seções eleitorais sem sofrer qualquer tipo de pressão, seja através de promessas de vantagens, seja por propaganda eleitoral, pois o voto deve ser conquistado com ideias expressas no período de campanha e não mais no momento de o eleitor entregar o seu voto, escolhendo conscientemente seus representantes. Isso, sem dúvida, traz maior legitimidade ao processo eleitoral.

Curiosamente, existe ainda o crime eleitoral de furar fila, que pode ser cometido apenas pelo mesário quando não obedece a ordem em que devem os eleitores ser chamados a votar. Apesar de o eleitor que fura fila não cometer este crime, caso lhe seja determinado pelo mesário que retorne a seu lugar e resista à ordem, isso sim poderá constituir o crime de desobediência, previsto no art. 347 do Código Eleitoral, sendo possível também a prisão em flagrante do eleitor, protegendo assim o direito dos outros cidadãos na fila e o bom andamento dos trabalhos da seção eleitoral.

16.2 Violação do sigilo do voto

A Constituição Federal prevê, no art.14, que a soberania popular será exercida pelo sufrágio universal e pelo voto direto e secreto, com valor igual para todos. O relevo ao voto secreto não é sem causa, pois a escolha legítima só pode ser feita quando não há vigilância e direcionamento da vontade do cidadão, como já ocorreu com certa frequência em nossa história, período do qual nos chegou termos como "voto de cabresto" e "curral eleitoral", marcas vergonhosas do desrespeito à verdadeira democracia[9].

Portanto, deve-se garantir com o maior esforço possível o sigilo do voto, não apenas contra atos de terceiros, mas também do próprio eleitor, como é o caso da proibição de *selfie* na cabina de votação, consequência da vedação de portar aparelho de telefonia celular, máquinas fotográficas e filmadoras, dentro da cabina de votação, prevista no parágrafo único do art. 91-A da Lei nº 9.504/1997.

Do contrário, seria como afirmar, de acordo com Signes (2015, pág. 19), que havendo a possibilidade de se revelar o voto depositado na urna por meio de *selfie,* (...) estaríamos diante de um cenário ideal para a consolidação da prática da

---

[9] O bom humor do cidadão brasileiro é sua marca até em situações como essas, que revelam, no fundo, algo de irônico e muitas vezes o próprio desgosto da condição a que se vê submetido. Nesse sentido, conta-se que um determinado *coronel* recolhia o título de seus empregados e votava por eles. Certa vez, quando se aproximava o dia de votar, um empregado, ao entregar o seu título ao *coronel,* questionou para quem o voto seria dado em seu nome, e a resposta do *coronel* não poderia ser outra: "deixe de ousadia porque o voto é secreto".

compra de votos, o coronelismo do século XXI.

Fato é que o art. 312 da Lei nº 4.737/1965 tipifica como crime a conduta de violar ou tentar violar o sigilo do voto, que tem pena de até dois anos de detenção.

Ao entrar na seção eleitoral, o eleitor deve apresentar seu aparelho celular à mesa receptora de votos, ou ainda deixá-lo com outra pessoa, para que não viole o comando legal e tenha de responder pela conduta ilícita.

16.3 Manifestação individual e silenciosa

É possível ao eleitor, ao comparecer para votar, manifestar sua preferência por partido, coligação ou candidato, utilizando exclusivamente bandeiras, broches, dísticos, adesivos e camisetas. Esse direito deve ser exercido individual e silenciosamente, uma vez que a aglomeração de pessoas utilizando tais apetrechos caracterizaria manifestação coletiva, entendida por alguns como propaganda eleitoral, ou seja, crime eleitoral no dia da eleição.

O caso mais polêmico era o da utilização de camisetas, mas, desde as Eleições de 2018, o TSE já admitia sua utilização, apesar de a Resolução TSE nº 23.551/2017, que regulamentava a propaganda eleitoral daquelas eleições, não ser explícita ao tratar da manifestação individual e silenciosa através do uso de camisetas, no seu art. 76:

> Art. 76. É permitida, no dia das eleições, a manifestação individual e silenciosa da preferência do eleitor por partido político, coligação ou candidato, revelada exclusivamente pelo uso de bandeiras, broches, dísticos e adesivos (Lei nº 9.504/1997, art. 39-A, caput).

Diante das muitas dúvidas causadas pela leitura do art. 39-A, *caput*, da Lei nº 9.504/1997, com o art. 76, supracitado, o TSE recomendou aos TREs, em 05/10/2018, que permitissem a utilização de camisetas, orientando no sentido de ser possível, no dia do pleito, a manifestação individual e silenciosa das preferências do eleitor por partido político, coligação ou candidato, revelada pelo uso de camisetas, entretanto, não podendo se configurar qualquer das seguintes situações:

> a) aglomeração de pessoas portando vestuário padronizado;
>
> b) caracterização de manifestação coletiva e/ou ruidosa;
>
> c) abordagem, aliciamento, utilização de métodos de persuasão ou convencimento;
>
> d) distribuição de camisetas.

Para as Eleições de 2020, a Resolução TSE nº 23.610/2019 explicitou a permissão de uso de camisetas no dia do pleito, nos seguintes termos:

> Art. 82. É permitida, no dia das eleições, a manifestação individual e silenciosa da preferência do eleitor por partido político, coligação ou candidato, revelada exclusivamente pelo uso de bandeiras, broches, dísticos, adesivos e **camisetas** (Lei nº 9.504/1997, art. 39-A, caput). (Resolução TSE nº 23.610/19, art. 82, grifo nosso)

No entanto, cabe lembrar que continua a proibição de confeccionar e distribuir as camisetas, assim como chaveiros, bonés, canetas, brindes, cestas básicas ou quaisquer outros bens ou materiais que possam proporcionar vantagem ao eleitor.

De acordo com o previsto no art. 18 da Resolução TSE nº 23.610/2019, o infrator responderá, conforme o caso, pela prática de captação ilícita de sufrágio, emprego de processo de propaganda vedada e, se for o caso, pelo abuso de poder, que podem gerar consequências sérias à candidatura.

Capítulo 17

O Processo de Votação

17.1 Mesa receptora de votos

A mesa receptora de votos é constituída por um presidente e mesários que executam as tarefas de organização e funcionamento da seção eleitoral. A cada seção eleitoral corresponde a uma mesa receptora de votos, exceto nos casos de agregação de seções, quando uma mesma mesa recepciona os votos de duas ou mais seções, devido à quantidade pequena de eleitores nessas seções.

O presidente e os mesários devem ser nomeados pelo Juiz Eleitoral, preferencialmente entre os eleitores do mesmo local em que votam, sessenta dias antes da eleição e os partidos poderão reclamar das nomeações no prazo de dois dias ao Juiz Eleitoral, conforme art. 121 da Lei nº 4.737/1965, caso considere que a pessoa nomeada não atende aos requisitos legais. Da decisão do Juiz Eleitoral, cabe ainda recurso para o TRE, no prazo de três dias.

Já os mesários têm cinco dias para alegarem motivos justos para recusa da nomeação, o que será apreciado pelo Juiz Eleitoral.

Sobre tais prazos, Joel Cândido (2001, pág. 186) afirma que:

> O prazo de três dias, apenas, para impugnação, é restrito demais e foi estabelecido sem coerência e sem critério científico dentro do processo eleitoral. Se para um mesário designado alegar seus próprios impedimentos o prazo é de cinco dias (CE, art. 120, § 4º), um partido político ou coligação não poderão dispor apenas de três dias para arrolar os fundamentos para impugnar um

membro da Junta.

Por outro lado, há diversos fatores que impõem prazos curtos aos procedimentos eleitorais, principalmente após a redução dos prazos do calendário eleitoral, que dificultou a seleção e treinamento dos mesários. Caso os prazos de impugnação fossem muito largos, não se teria tempo suficiente para realizar as necessárias substituições, nos casos de deferimento da reclamação. Mas não se pode negar que há pouca coerência em se ter cinco dias de prazo para o eleitor alegar sua impossibilidade de ser convocado e apenas três dias para os partidos analisarem todas as nomeações, consultando a lista completa de convocados, que pode passar dos milhares de mesários.

Dentre os motivos que podem ser alegados para a não convocação de mesários, destaca-se a lista do inciso I do § 1º da Lei nº 4.737/1965, a qual contém aqueles que não podem ser nomeados presidentes ou mesários:

> I - os candidatos e seus parentes ainda que por afinidade, até o segundo grau, inclusive, e bem assim o cônjuge;
>
> II - os membros de diretórios de partidos desde que exerça função executiva;
>
> III - as autoridades e agentes policiais, bem como os funcionários no desempenho de cargos de confiança do Executivo;
>
> IV - os que pertencerem ao serviço eleitoral.

Importante ressaltar que a vedação constante do inciso II só alcança os filiados a partido político que sejam do diretório e exerçam função executiva, isto é, os demais filiados podem ser nomeados como presidentes ou mesários.

Já a proibição da nomeação de pessoas que pertençam ao serviço eleitoral corresponde à necessidade de que o próprio cidadão realize a recepção dos votos e controle as seções eleitorais e não servidores da Justiça Eleitoral, uma vez que essa é uma forma de fiscalização e de tornar mais confiável o processo. A Justiça Eleitoral deve disponibilizar todos os recursos para execução das eleições, mas quem tem de realmente fazer as eleições funcionarem são os cidadãos.

Os menores de 18 anos também não podem ser nomeados como mesários, apesar de poderem votar, se já maiores de 16 anos.

O presidente da seção eleitoral tem as atribuições de manter a ordem no recinto, recorrendo à força pública quando necessário, resolver as dificuldades e esclarecer as dúvidas que ocorrerem, além de outras que garantem o bom andamento da votação. Os demais mesários auxiliam o presidente, controlando o acesso do cidadão à seção eleitoral, orientando o eleitor na fila, conferindo a documentação apresentada, lavrando a ata da seção etc.

Aqueles que trabalham como mesários ou são requisitados para auxiliar os trabalhos têm direito à dispensa do serviço, em instituições públicas ou privadas, pelo dobro dos dias prestados à Justiça Eleitoral, nos eventos relacionados à realização das eleições.

De acordo com o que prevê o art. 1° da Resolução TSE n° 22.747/2008, a dispensa é comprovada mediante declaração da Justiça Eleitoral e não deve haver prejuízo do salário, vencimento ou qualquer outra vantagem correspondente a parcelas de natureza remuneratória ou não.

17.2 Fiscalização da seção eleitoral

Inicialmente, deve-se destacar que a fiscalização das seções eleitorais é realizada por todos os cidadãos, especialmente pelos mesários, os quais tiverem treinamento teórico e prático para utilização da urna eletrônica e para cumprimento da legislação eleitoral aplicável no dia do pleito.

Por outro lado, para o acompanhamento dos trabalhos de votação, os partidos políticos e coligações poderão credenciar, no máximo, dois fiscais por seção eleitoral.

Essas credenciais dos fiscais e dos delegados são expedidas, exclusivamente, pelos partidos ou coligações, sem ingerência da Justiça Eleitoral.

Os fiscais devem trabalhar identificados com crachás, nos quais constem o nome e a sigla do partido político ou coligação a que sirvam, sendo vedada a padronização do vestuário.

Devem atuar um fiscal de cada partido por vez na seção eleitoral, ou seja, não poderão estar fiscalizando os dois fiscais credenciados de um partido ao mesmo tempo, por motivo de organização e controle dos trabalhos da seção eleitoral, mas também para que não haja partido ou coligação com maior quantidade de fiscal que outros.

Os partidos e coligações poderão fiscalizar ainda todas as fases do processo de votação e apuração das eleições e o processamento eletrônico da totalização dos resultados.

17.3 Início da votação

Os trabalhos nos locais de votação se iniciam cedo no domingo da eleição e é dever de todos os mesários estarem presentes às 7h para dar início à instalação da seção eleitoral.

É bastante importante que os fiscais dos partidos também compareçam já às 7h, pois a partir desse horário já é possível imprimir a zerézima, que é o relatório da urna eletrônica do qual consta a informação de que não há voto registrado naquela seção eleitoral.

A urna eletrônica é programada para emitir a zerézima apenas a partir das 7h e é recomendável que nesse horário seja feita logo a impressão desse relatório, pois se houver algum problema técnico, como o mau funcionamento da impressora, ainda haverá tempo de realizar alguma diligência para que às 8h se inicie a votação.

Portanto, a partir de 7h, têm acesso ao local de votação apenas os mesários, pessoal da Justiça Eleitoral, candidatos, delegados e fiscais de partido. Os eleitores que já estiverem aguardando poderão entrar no local de votação a partir das 8h, para já se organizarem nas filas das seções e iniciarem a votação.

17.4 Prioridade de votação

É dever do mesário cumprir, na organização da fila, o determinado na legislação sobre as prioridades para votação, sendo crime não observar a ordem em que os eleitores devem ser chamados a votar.

Conforme previsto na Resolução TSE nº 23.611/2019, têm preferência para votar os candidatos, os juízes eleitorais e seus auxiliares, os servidores da Justiça Eleitoral, os promotores eleitorais, os policiais militares em serviço, os eleitores maiores de sessenta anos, os enfermos, os eleitores com deficiência ou com mobilidade reduzida, os obesos, as mulheres grávidas, as lactantes, aqueles acompanhados de criança de colo e pessoas com Transtorno do Espectro Autista, bem como os acompanhantes destes últimos.

No que se refere aos idosos, a Lei nº 13.466/2017 incluiu o § 2º no Estatuto dos Idosos (Lei nº 10.741/2003), criando uma prioridade das prioridades para os maiores de oitenta anos, nos seguintes termos:

> § 2º Dentre os idosos, é assegurada prioridade especial aos maiores de oitenta anos, atendendo-se suas necessidades sempre preferencialmente em relação aos demais idosos.

Dessa forma, essa prioridade especial deve ser entendida não apenas como prioridade relativa aos demais idosos na fila da seção eleitoral, mas sim como prioridade sobre os demais que estiverem na fila de prioridades, mesmo porque não é comum o controle específico de prioridade de idosos.

Observe-se ainda que, em relação aos enfermos, há a possibilidade de serem alçados à prioridade maior, quando a permanência na fila possa causar transtorno a sua saúde já debilitada ou até a dos demais eleitores.

Por fim, não há previsão legal de prioridade para os

acompanhantes dos candidatos, o que significa que os cabos eleitorais e assessores de campanha não podem votar com preferência em relação aos demais eleitores.

17.5 Identificação do eleitor na seção eleitoral

O eleitor que está na fila de uma seção é abordado pelo mesário inicialmente para verificar se está na fila correta, considerando que cada eleitor só pode votar na seção em que está cadastrado. Em seguida, o mesário verifica se o eleitor está com a documentação necessária para votar e se é uma prioridade. Caso não esteja com a documentação correta, o mesário orientará o eleitor como deve proceder.

Para comprovar a identidade do eleitor na seção eleitoral podem ser usados documentos digitais ou físicos, entretanto devem ser oficiais e com foto.

Portanto, são aceitos os seguintes documentos:

> I - e-Título;
>
> II - carteira de identidade, identidade social, passaporte ou outro documento de valor legal equivalente, inclusive carteira de categoria profissional reconhecida por lei;
>
> III - certificado de reservista;
>
> IV - carteira nacional de habilitação.

O interessante é que os documentos relacionados acima, constantes do art. 94 da Resolução TSE nº 23.611/2019, poderão ser aceitos ainda que expirada a data de validade, mas desde que seja possível comprovar a identidade do eleitor.

Sobre o e-Título, este documento digital é emitido pela Justiça Eleitoral e pode ser obtido de forma rápida e fácil através das lojas dos aplicativos de celular.

Caso persista alguma dúvida da identidade do eleitor na mesa receptora de votos, o presidente da seção deverá interrogá-lo sobre os dados do título, do documento oficial ou do Caderno de Votação e confrontar a assinatura constante desses documentos com aquela feita pelo eleitor na sua presença, fazendo constar tudo na Ata da seção.

A impugnação da identidade do eleitor poderá ser feita pelos fiscais, pelos mesários ou por qualquer eleitor, antes de ser admitido a votar, isto é, antes de o presidente confirmar o acesso do eleitor à urna para votar.

Feita a impugnação e não resolvida, o Juiz Eleitoral terá de ser informado para que compareça à seção e decida sobre o caso.

Além dos procedimentos já citados para tentar resolver a dúvida quanto à identidade do eleitor, o § 1º do art. 95 da Resolução TSE nº 23.611/2019 prevê a possibilidade de ser validada a identidade do eleitor por meio do reconhecimento biométrico na urna eletrônica, quando disponível.

Eventualmente, pode ocorrer também de o nome do eleitor não ser encontrado no Caderno de Votação da seção, mas isso não significa que não possa votar, pois, se estiver cadastrado nessa seção eleitoral, seus dados estarão na urna eletrônica, a qual o reconhecerá através do número do título e da biometria, o que deverá ser anotado na Ata da seção eleitoral.

17.6 Procedimentos de votação

Os eleitores que estiverem na fila de votação serão chamados à mesa receptora de votos, na ordem de chegada, obedecidas as prioridades.

Na mesa receptora de votos, o eleitor deverá apresentar sua documentação para ser identificado, inclusive utilizando o Caderno de Votação, havendo a possibilidade de ser examinada essa documentação pelos fiscais de partido e de existir impugnações.

Caso não haja dúvidas quanto à identidade do eleitor, o mesário digita o número do título no terminal da urna eletrônica que fica na mesa receptora de votos. Se o número do título for aceito pela urna eletrônica, o mesário solicita que o eleitor posicione o dedo polegar ou indicador sobre o sensor biométrico, para habilitar a urna para votação.

Caso a urna reconheça a biometria do eleitor, o mesário o autoriza a votar, sendo que, após isso, não poderá mais haver impugnação da identidade do eleitor.

Estando na cabina de votação, o eleitor digita os números dos seus candidatos ou apenas da legenda, confirmando sua votação na tecla correspondente em verde (tecla Confirma).

Após retornar da cabina, o eleitor receberá sua documentação e o comprovante de votação da mesa receptora.

Entretanto, dois detalhes devem ser salientados: 1) a tentativa de leitura da biometria do eleitor poderá ser feita por até quatro vezes; e 2) o primeiro eleitor a votar será convidado a aguardar até que o segundo eleitor a votar conclua seu voto, já que, se a urna der defeito e não funcionar mais, tendo sido dado apenas um voto, este não poderá ser apurado, devido à garantia do sigilo da votação. O primeiro eleitor, portanto, aguarda o segundo votar e, se a urna não recepcionar o voto do segundo eleitor e necessitar ser trocada ou partir para a votação em cédulas, o primeiro eleitor poderá votar novamente, sendo o primeiro voto considerado insubsistente.

Cabe ressaltar que o parágrafo único do art. 109 da Resolução TSE nº 23.611/2019 prevê, inclusive, a possibilidade de ser realizada a carga de urna de seção para substituir a urna defeituosa, para garantir o uso do sistema eletrônico de votação.

17.7 Encerramento da votação

A urna eletrônica está programada para fazer o encerramento da votação apenas a partir das 17h, atendendo ao que determina o art. 144 do Código Eleitoral.

Entretanto, caso haja eleitores na fila das seções, estes deverão receber senhas entregues do último para o primeiro da fila, de forma a que a contagem de acesso à seção seja regressiva. Nesse mesmo horário, os locais de votação devem ter seus portões fechados e o acesso será restrito aos candidatos, delegados, fiscais e pessoal da Justiça Eleitoral.

Quando todos concluírem a votação, o presidente da seção fará o encerramento, na presença dos fiscais, emitindo o boletim de urna e o boletim de justificativa.

Após assinadas as vias do boletim de urna, uma delas deve ser afixada em local visível da seção eleitoral, para que todos possam saber o resultado da votação. Além das vias de boletim obrigatórias, podem ser impressas outras vias para os interessados dos partidos políticos, da imprensa e do Ministério Público, se fizerem a solicitação no momento do encerramento da seção eleitoral.

O presidente deve ainda manter, sob sua guarda, uma das vias do boletim de urna para posterior conferência dos resultados da respectiva seção divulgados na página do Tribunal Superior Eleitoral na internet, como forma de controle da apuração dos votos.

Todos os procedimentos de encerramento da seção eleitoral devem ser providenciados imediatamente e com agilidade pelos mesários, por isso a legislação não exige a presença de fiscais. Mas, se estiverem presentes, poderão participar, acompanhando os procedimentos e assinando as vias dos boletins de urna com o presidente da seção.

O material restante é encaminhado conforme instruções de cada TRE, inclusive a mídia de resultado, que será usada na totalização dos votos.

Capítulo 18

A Urna Eletrônica

18.1 Urna eletrônica e legitimidade das eleições

A urna utilizada no processo eletrônico de votação brasileiro vem se mostrando segura, confiável e eficiente ao propósito de recepcionar os votos, resguardando o sigilo e fornecendo os dados lançados pelo eleitor de forma fidedigna para a apuração e totalização das eleições.

Apesar dos constantes ataques ao processo eletrônico de votação, na grande maioria das vezes por desconhecimento do processo eleitoral e dos procedimentos de segurança que envolvem o uso da urna eletrônica, o sistema de votação eletrônica já se estabeleceu como seguro e necessário a evitar fraudes e entregar o resultado que seja exatamente a vontade do eleitor, garantindo, por sua vez, a legitimidade dos pleitos para escolha dos diversos cargos públicos eletivos.

18.2 Utilização de urna eletrônica no mundo

Uma das questões mais recorrentes sobre urna eletrônica diz respeito a sua utilização em outros países. É muito comum ver alguém questionar: "se a urna eletrônica é tão boa, por que só o Brasil a utiliza?" Ou ainda: "por que os Estados Unidos não usam urna eletrônica?"

O fato é que tais questionamentos não têm a mínima fundamentação e demonstram que o problema, na realidade, é o desconhecimento.

Para se ter uma ideia disso, nos EUA já se utiliza urna eletrônica há muitos anos, tendo sido os pioneiros na introdução do voto eletrônico nos anos 1960. Em 2012, em torno de 25% dos eleitores dos EUA votaram em urnas eletrônicas, que possuem algumas variações em cada Estado, e mais de 90% que votaram nas eleições federais, estaduais e locais são registrados, atualmente, de forma eletrônica[10].

Comparando os EUA com o Brasil, em 1996, 7,7% do eleitorado americano votou com algum tipo de urna eletrônica, e no Brasil, no mesmo ano, mais de 30% do eleitorado usou a urna eletrônica pela primeira vez. Em 2000, todas as seções eleitorais brasileiras utilizaram a urna eletrônica e os EUA, após 18 anos, ainda utilizam o voto em papel em alguns Estados, em parte devido às dificuldades de ter uma uniformização das normas sobre o processo de votação. Diferente do Brasil, entretanto, os EUA adotam também o voto online em 22 Estados, para militares e pessoal que reside em outros países[11].

Em diversos outros países, são usadas urnas eletrônicas ou outro tipo de voto eletrônico atualmente[12]. Na Holanda, existem alguns locais de votação que fazem a recepção do voto eletronicamente, assim também na Bélgica, Rússia e Canadá.

Em relação ao voto online, na Europa, a Noruega aprovou o uso do voto pela internet em alguns municípios em 2008, visando a uma maior acessibilidade ao voto e à rapidez no processo eleitoral. Desde 2017, segundo Mulligan[13] (BBC, 2017), 14 países já usam algum tipo de votação online, sendo que a Estônia foi onde primeiro se introduziu o voto nacional permanente pela internet.

Delegações de vários países têm visitado o Brasil para conhecer mais do nosso sistema de voto eletrônico, tais como Angola, Bolívia, Botswana, Coréia do Sul, Costa Rica, EUA, França, República da Guiné, Guiné-Bissau, Jamaica, México,

---

[10] European Parliamentary Research Service Blog. Acessível em: https://epthinktank.eu/2018/09/12/digital-technology-in-elections-efficiency-versus-credibility/e-voting_countries/

[11] Idem. Acessível em: https://epthinktank.eu/2018/09/12/ digital-technology-in-elections-efficiency-versus-credibility/internet_voting_countries/

[12] NDI. https://www.ndi.org/e-voting-guide/electronic-voting-and-counting-around-the-world.

[13] BBC. Has the time now come for internet voting? Gabriella Mulligan. Acessível em: bbc.com/news/business-39955468.

Panamá, Peru, República Dominicana e Rússia[14]. E, com observadores, a Organização dos Estados Americanos (OEA) esteve nas últimas eleições presidenciais de 2018 no Brasil, para acompanhar o processo eleitoral, tendo concluído os trabalhos elogiando a utilização das urnas eletrônicas brasileiras[15].

O fato é que o problema não está em usar ou não algum processo de votação eletrônica, pois a informática como tecnologia de registro e contagem de votos parece ser um caminho sem volta, seja utilizando urna eletrônica com variações diversas, seja por meios mais abertos como a internet.

18.3 Segurança da urna eletrônica

A urna eletrônica é um equipamento de informática dedicado a processar sistemas de votação desenvolvidos pela Justiça Eleitoral e periciados pela Polícia Federal.

Tais sistemas podem ser verificados pelos partidos políticos, pelo Ministério Público e pela sociedade civil.

Como a urna eletrônica brasileira não trabalha conectada à internet ou com qualquer outra rede de comunicação, não há possibilidade de invasão de *hacker* de forma remota, sendo que os votos são registrados em mídias digitais, utilizando criptografia, as quais são utilizadas no sistema de apuração específico e capaz de decodificar os seus dados.

O fato de nunca se ter comprovado qualquer fraude nas urnas eletrônicas, mesmo depois de diversas auditorias por

---

[14] TSE. Electronic Voting is already a reality in more than 30 countries. Acessível em: http://english.tse.jus.br/noticias-tse-en/2018/Marco/electronic-voting-is-already-a-reality-in-more-than-30-countries

[15] G1. OEA elogia urnas e diz que brasileiros elegeram presidente de forma 'pacífica'. Acessível em: https://g1.globo.com/politica/eleicoes/2018/noticia/2018/10/29/mesmo-com-polarizacao-brasileiros-elegeram-presidente-de-forma-pacifica-diz-oea.ghtml

partidos, Ministério Público e Polícia Federal, colabora para a confiabilidade de todo o sistema.

No que se refere à transparência dos sistemas eleitorais e da utilização da urna eletrônica, o TSE desenvolve o Teste Público de Segurança (TPS), periodicamente, que tem como objetivos:

> a) fortalecer a confiabilidade, a transparência e a segurança da captação e da apuração dos votos;
>
> b) propiciar melhorias no processo eleitoral;
>
> c) identificar vulnerabilidades e falhas relacionadas à violação da integridade ou do anonimato dos votos de uma eleição.

Os sistemas utilizados para a geração de mídias, votação, apuração, transmissão e recebimento de arquivos são todos objetos do TPS, do qual podem participar, de acordo com o art. 12 da Resolução TSE nº 23.444/2015, na condição de técnico(s) e/ou de grupo(s) de técnicos, cidadãos brasileiros maiores de 18 anos, individualmente ou em grupo, que se inscrevam, preenchendo formulário específico, denominado Plano de Teste.

De acordo com o TSE (TSE, 2018):

> A realização periódica dos Testes Públicos de Segurança tem se mostrado grande sucesso, na medida em que a comunidade técnica especializada tem ajudado efetivamente a equipe técnica do Tribunal Superior Eleitoral a desenvolver sistemas cada vez mais seguros para as eleições[16].

---

[16] TSE. Sistema eletrônico de votação: perguntas mais frequentes. Brasília: TSE, 3ª ed., 2018. Acessível em: http://www.justicaeleitoral.jus.br/arquivos/perguntas-mais-frequentes-sistema-eletronico-de-votacao/rybena_pdf

Somem-se a tudo isso os 2,4 milhões de mesários e outros milhões de fiscais de partido que monitoram a votação e podem conferir o resultado da votação na seção com o que foi de fato apurado na totalização dos votos.

18.4 Algumas especulações sobre o uso da urna eletrônica

São recorrentes alguns questionamentos sobre a urna eletrônica em todas as eleições, geralmente de forma pontual, mas que merecem esclarecimentos, para que se possa agir de forma apropriada, mesmo porque costuma ocorrer de tais eventos repercutirem nas redes sociais, numa miscelânea de erros, desinformação e intenções algumas vezes criminosas.

18.4.1 A foto do candidato não aparece na urna

Quando o eleitor digita o número do seu candidato e aperta imediatamente a tecla confirma, pode não dar tempo de ver a foto. Por isso, após teclar o número do candidato, deve-se aguardar até aparecer a foto do candidato, antes de apertar a tecla "Confirma".

18.4.2 Digitei o número do candidato e ele não apareceu

Este é um equívoco parecido com o anterior, mas tem motivo diferente. Em 2018, por exemplo, alguns eleitores reclamaram que tentavam votar para um candidato a presidente e não conseguiam.

Isso ocorreu devido a que estavam digitando o voto para presidente na opção de voto para governador. Houve caso até

?file=http://www.justicaeleitoral.jus.br/arquivos/perguntas-mais-frequentes-sistema-eletronico-de-votacao/at_download/file em que o eleitor filmou sua votação equivocada[17], comprovando seu próprio erro.

Considerando que esse tipo de erro pode passar despercebido, ao encerrar a votação, o eleitor pode pensar que a urna não deu a opção para votar para o cargo resultante do erro e formular a seguinte reclamação, também equivocada: "a urna não apresentou o voto para o cargo de presidente, prefeito etc.".

18.4.3 Quando cheguei para votar, outra pessoa havia votado em meu lugar

Neste caso, há falha do mesário ao identificar o eleitor, quando ele consulta o número do título no Caderno de Votação e confunde com o de outro eleitor.

Considerando que não foi reconhecida a biometria do eleitor, o mesário tem de realizar a habilitação manual e é nesse momento que habilita o eleitor utilizando o título de outro eleitor.

Este problema ainda pode ocorrer, mas é bastante raro, mesmo porque, para habilitar o eleitor dessa forma, ele deve dizer o ano de nascimento ao mesário e a urna deve reconhecer essa data como do eleitor.

É importante esclarecer que o eleitor que deixou de votar não deve ser habilitado a votar no lugar do que já votou, caso seja identificado o equívoco, mesmo porque há previsão no art. 309 da Lei 4.737/1965 do crime de votar ou tentar votar em lugar de outrem. Além do mais, ao realizar essa nova habilitação do eleitor, pode ocorrer novo equívoco e o problema aumentar.

Ou seja, deve o eleitor verificar posteriormente se não foi lançada pendência da votação no seu cadastro, pois o Cartório Eleitoral, neste caso, deve fazer o ajuste com base nas

---

[17] Jornal de Brasília. Eleitor denuncia fraude em urna, mas erra ordem de votação. 28/10/2018. Acessível em: https://jornaldebrasilia.com.br/politica-e-poder/eleitor-denuncia-fraude-em-urna-mas-video-mostra-erro-na-ordem-de-votacao/

informações registradas na Ata da seção eleitoral.

18.5 Para que servem os votos nulos e em branco

A ideia original de voto nulo e em branco vem-se desconstruindo desde a introdução da urna eletrônica, em 1996, devido a serem manifestações características do voto em cédulas. No caso do voto nulo, este ocorria quando o eleitor escrevia algo na cédula que não podia ser identificado como voto válido para qualquer candidato ou legenda, quando rasurava propositadamente ou não a cédula ou ainda se marcasse mais de uma opção entre os candidatos a escolher. O voto em branco, mais simples, correspondia às cédulas que eram depositadas na urna sem qualquer marcação ou rasura, da forma como a recebera o eleitor da mesa receptora de votos.

Devido a isso, as urnas eletrônicas possuem a tecla "Branco" e possibilitam ser computado como nulo o "voto" relativo a número que não corresponde a nenhum partido ou candidato.

No caso do voto em branco, este pode ser considerado a expressão mais legítima do desinteresse do eleitor em optar por algum dos candidatos ou partidos concorrentes, pois reflete uma intenção precisa do eleitor. Ao pressionar a tecla "Branco", o eleitor sinaliza, sem dúvida, que não deseja escolher um dos candidatos ou partidos. Essa certeza é confirmada pela própria urna que questiona ao eleitor se realmente deseja votar em branco, após pressionar a tecla correspondente a esta opção. Ou seja, voto em branco equivocado pode-se supor bastante raro, mas não impossível.

O mesmo não ocorre com igual precisão no caso do voto nulo, pois este tipo de voto pode corresponder a números digitados incorretamente e confirmado inadvertidamente. Mas também é possível representar o desinteresse do eleitor, pois este pode digitar propositadamente números que não correspondam a qualquer candidato ou partido e confirmar sua digitação.

Ou seja, é mais difícil realizar de forma equivocada o voto em branco que o nulo. E mesmo no voto em cédula tal raciocínio também funciona, pois votar em branco significa receber a cédula e depositá-la na urna sem qualquer manifestação, enquanto votar nulo corresponde a fazer algo na cédula que torne impossível identificar a manifestação de vontade do eleitor quanto à escolha disponível, o que pode acontecer tanto de propósito como de forma equivocada. Mas ainda são considerados nulos os votos quando assinalados os nomes de dois ou mais candidatos para o mesmo cargo na eleição majoritária, ou quando são escritos dois ou mais nomes de candidatos na eleição proporcional, e, também, se os votos forem dados a candidatos inelegíveis ou não registrados.

Mas, então, para que servem os votos nulos e em branco? Apenas para uma coisa: a manifestação do desinteresse do eleitor em escolher um dos candidatos ou partidos concorrentes. Neste caso, o eleitor opta por deixar essa escolha nas mãos dos demais eleitores.

Diferente do que se tem divulgado de forma equivocada ou intencional, votos nulos ou em branco não têm a capacidade de tornar nula a eleição, mesmo que a quantidade de votos nulos ou em branco, individual ou conjuntamente, superem os 50% dos eleitores aptos a votar.

Conforme previsto no Código Eleitoral, votos nulos ou em branco não entram na contagem do quociente eleitoral, sendo que, de acordo com a Lei das Eleições, são considerados eleitos os candidatos a presidente ou a governador que obtiverem a maioria absoluta de votos, não computados os em branco e os nulos, assim também para prefeitos.

A confusão toda está no fato de que é possível ocorrer a nulidade de mais da metade dos votos no pleito, implicando na necessidade de marcação de nova eleição, quando, por exemplo, tais votos são anulados judicialmente devido à fraude, coação, vícios, conforme previsto no Código Eleitoral. Não se trata, portanto, de votos nulos dados pelo eleitor, mas sim de votos que foram atingidos por uma nulidade prevista na lei.

Sem dúvida, os votos nulos ou em branco podem ser uma forma de expressão democrática do desinteresse ou da divergência ideológica das regras do sistema eleitoral, ou ainda da indignação relativa ao quadro político, mas não têm como consequência a possibilidade de forçar novas eleições. Devido a isso, votar nulo ou em branco não significa tornar ilegítima a escolha, no sentido prático, pois são considerados apenas os votos válidos depositados pelos demais eleitores, para definir o resultado das eleições.

Quem vota em branco ou nulo está apenas deixando o poder de escolha nas mãos dos demais eleitores.

Capítulo 19

PRESTAÇÃO DE CONTAS ELEITORAIS

Abordaremos em seguida as prestações de contas, sem entrar em detalhes técnicos, considerando que uma perspectiva geral será suficiente ao entendimento da matéria.

19.1 Prazos a serem cumpridos

De acordo com o art. 29 da Lei nº 9.504/1997, os candidatos e partidos têm obrigação de prestar contas de campanha do primeiro turno à Justiça Eleitoral até o trigésimo dia após a realização das eleições.

Para os que disputarem o segundo turno, as prestações de contas referentes ao primeiro e segundo turnos devem ser entregues até o vigésimo dia após o pleito. No entanto, esses devem também informar à Justiça Eleitoral, via SPCE, as doações e os gastos que tenham realizado em favor dos candidatos eleitos no primeiro turno no prazo previsto na legislação.

Caso haja sobra de recursos financeiros, esta deve ser declarada na prestação de contas e, após julgados todos os recursos, transferida ao partido.

Durante a campanha, há ainda a necessidade de envio de prestação de contas parcial. Esse envio é realizado, por meio do SPCE, devendo constar dela o registro da movimentação financeira e/ou estimável em dinheiro ocorrida desde o início da campanha.

Em relação à prestação de contas de partidos, referente ao exercício de 2019, o prazo de entrega findou em 30/06/2020.

Por fim, é importante observar que a Emenda Constitucional 107 definiu a data de até 15 de dezembro, para o encaminhamento à Justiça Eleitoral do conjunto das prestações de contas de campanha dos candidatos e dos partidos políticos, relativamente ao primeiro e, onde houver, ao segundo turno das eleições, conforme disposto no art. 29, incisos III e IV, da Lei nº 9.504/97.

19.2 Prestação de contas parcial

A prestação de contas parcial deve conter a discriminação dos recursos financeiros ou estimáveis em dinheiro para financiamento da campanha eleitoral, a indicação dos nomes, do CPF das pessoas físicas doadoras ou do CNPJ dos partidos políticos ou dos candidatos doadores, a especificação dos respectivos valores doados, a identificação dos gastos realizados, com detalhamento dos fornecedores e a indicação do advogado.

A não apresentação no prazo das contas parciais ou a sua entrega de forma que não corresponda à efetiva movimentação de recursos caracteriza infração grave, que certamente refletirá negativamente no julgamento das contas, caso não seja apresentada justificativa que seja aceita pela Justiça Eleitoral.

19.3 Prestação de contas finais

A prestação de contas final é juntada à parcial. Caso a parcial não tenha sido entregue, a prestação de contas final será autuada e distribuída no Sistema de Processo Judicial Eletrônico (PJe).

Ainda que não haja movimentação de recursos financeiros ou estimáveis em dinheiro, a prestação de contas deve ser composta da ampla lista de informações e documentos previstos no art. 53 da Resolução TSE nº 23.607/2019, ao qual remetemos o leitor.

19.4 Sobras de campanha

As sobras de campanha podem ser constituídas de recursos financeiros, bens materiais permanentes e créditos contratados e não utilizados relativos ao impulsionamento de conteúdos na internet.

Essas sobras devem ser transferidas ao órgão partidário, na circunscrição do pleito, conforme a origem dos recursos e a filiação partidária do candidato, até a data prevista para a apresentação das contas à Justiça Eleitoral.

As sobras financeiras que não sejam originárias do Fundo Partidário devem ser depositadas na conta bancária do partido político destinada à movimentação de "Outros Recursos". Por outro lado, os valores do Fundo Especial de Financiamento de Campanha (FEFC) não utilizados não constituem sobras de campanha e devem ser recolhidos ao Tesouro Nacional integralmente por meio de Guia de Recolhimento da União (GRU) no momento da prestação de contas. Mesmo que se tenha adquirido bens permanentes com o FEFC, eles devem ser vendidos e o valor apurado deve ser recolhido ao Tesouro Nacional.

Capítulo 20

O Resultado das Eleições

20.1 Cálculo para distribuição das vagas aos eleitos

Existem duas formas de votar para vereador: 1) votar na legenda; ou 2) votar no candidato.

O voto de legenda ajuda a eleger os candidatos do partido porque cada voto dado ao partido melhora o quociente partidário, o qual é utilizado no cálculo de quantas vagas um partido conseguiu conquistar na Câmara de Vereadores.

O primeiro cálculo a se fazer é o do quociente eleitoral, o qual corresponde à divisão do número total de votos válidos[18] pelo número de vagas a preencher, desprezada a fração se igual ou inferior a meio, equivalente a um, se superior.

Supondo um município com 25 vagas na Câmara de Vereadores e em que foi apurado o total de 250 mil votos válidos. Para calcular o quociente eleitoral (QE), divide-se 250 mil por 25, cujo total é 10 mil. Portanto, QE=10.000.

Suponhamos que cinco partidos estejam concorrendo e que obtiveram as seguintes votações: **partido 1** obteve 86 mil votos; **partido 2** obteve 74 mil votos; **partido 3** obteve 59 mil votos; **partido 4** obteve 22 mil votos; e o **partido 5** obteve 9 mil votos. Considerando esse total de votos de cada partido, podemos calcular o quociente partidário (QP) dividindo o número de votos válidos do partido (VVP) pelo quociente eleitoral (QP=VVP/QE), que neste caso corresponde ao

---

[18] Antes da Lei nº 9.504/97, os votos em branco também entravam no cálculo dos votos válidos. Atualmente, os votos válidos correspondem apenas aos votos dados a candidato regularmente inscrito e às legendas partidárias.

seguinte:

Partido 1 (QP=86.000/10.000=8,6=**8**);
Partido 2 (QP=74.000/10.000=7,4=**7**);
Partido 3 (QP=59.000/10.000=5,9=**5**);
Partido 4 (QP=22.000/10.000=2,2=**2**);
Partido 5 (QP=9.000/10.000=0,9=**0**).

Como se pode observar, no cálculo do QP, a fração deve ser desprezada.

Para fazer a distribuição das vagas, ainda é necessário calcular a quantidade mínima de votos que cada candidato deve ter individualmente para ser considerado eleito. Esse valor mínimo corresponde a 10% do QE, de acordo com o constante no art. 108 do Código Eleitoral.

Esta regra passou a existir em 2015 visando a evitar que candidatos com votação inexpressiva sejam eleitos devido a ter no partido algum candidato com muitos votos. Por exemplo, no caso do partido 4, com 22 mil votos, se um candidato conseguiu 21.001 votos, só tem direito a uma vaga, pois o máximo que outro candidato do partido pode conseguir é 999 votos (porque o cálculo de 10% do QE corresponde a 1.000 votos, no exemplo). A vaga que não for preenchida é considerada como sobra.

Continuando os cálculos para o exemplo dado, verificaremos se há sobra de vagas somando o total de vagas preenchidas pelo quociente partidário, ou seja: 8+7+5+2=22. Como o total de vagas é 25, sobraram 3 vagas.

A distribuição das sobras é feita através do cálculo das médias. Esse cálculo corresponde à divisão do número de votos válidos atribuídos a cada partido pelo número de lugares definido para o partido pelo cálculo do quociente partidário mais um. Caberá ao partido político que apresentar a maior média um dos lugares a preencher, desde que tenha candidato que atenda à exigência de votação nominal mínima.

Seguindo a fórmula **M=VVP/(NLP+1)**, em que M é a média, VVP é a quantidade de votos válidos obtidos pelo partido e NLP é o número de lugares obtidos pelo partido com o cálculo do quociente partidário, teremos o seguinte no exemplo dado:

Partido 1 (M=86.000/**8+1**=9.555,56);
Partido 2 (M=74.000/**7+1**=9.250);
Partido 3 (M=59.000/**5+1**=9.833,33);
Partido 4 (M=22.000/**2+1**=7.333,33);
Partido 5 (M=9.000/**0+1**=9.000).

Observa-se que o resultado do cálculo da distribuição da primeira vaga relativa às sobras destinou mais uma vaga ao partido 3. O cálculo deve ser repetido para a distribuição das demais vagas.

Finalmente, quando não houver mais partidos com candidatos que atendam simultaneamente às duas exigências (ter a maior média e possuir candidato com a votação individual mínima), as cadeiras serão distribuídas aos partidos que apresentem as maiores médias.

APÊNDICE 1
Limites de gastos nas campanhas de 2016 nas capitais dos Estados

Unidade da Federação	Capital	Limite para Prefeito	Limite para Vereador
Acre (AC)	Rio Branco	166.017,34	89.207,93
Alagoas (AL)	Maceió	3.367.739,26	164.793,45
Amapá (AP)	Macapá	884.264,31	99.582,49
Amazonas (AM)	Manaus	6.711.811,43	551.706,39[19]
Bahia (BA)	Salvador	10.974.318,06	296.574,38
Ceará (CE)	Fortaleza	9.276.596,42	343.910,50
Espírito Santo (ES)	Vitória	4.827.752,91	98.272,97
Goiás (GO)	Goiânia	4.248.677,72	388.491,66
Maranhão (MA)	São Luís	2.348.995,90	330.878,32
Mato Grosso (MT)	Cuiabá	6.731.671,50	367.837,85
Mato Grosso do Sul (MS)	Campo Grande	4.993.951,92	480.786,08
Minas Gerais (MG)	Belo Horizonte	19.958.978,49	454.248,05
Pará (PA)	Belém	1.057.396,21	287.467,60
Paraíba (PB)	João Pessoa	1.843.019,74	204.748,43
Paraná (PR)	Curitiba	7.155.353,85	348.159,67
Pernambuco (PE)	Recife	4.939.729,40	663.571,26
Piauí (PI)	Teresina	1.638.588,16	155.765,34

19 O limite de gastos para vereador em Manaus foi corrigido em 18/08/2016, após constatar que o valor da tabela referente a 2012 estava com erro advindo de recibo de campanha apresentado por um candidato.

Rio de Janeiro (RJ)	Rio de Janeiro	14.846.118,77	1.046.448,19
Rio Grande do Norte (RN)	Natal	4.104.547,82	253.699,87
Rio Grande do Sul (RS)	Porto Alegre	4.373.003,82	321.002,07
Rondônia (RO)	Porto Velho	2.210.905,50	104.533,46
Roraima (RR)	Boa Vista	1.368.201,59	257.102,11
Santa Catarina (SC)	Florianópolis	2.712.443,85	127.866,45
São Paulo (SP)	São Paulo	33.993.565,86	2.411.863,74
Sergipe (SE)	Aracaju	2.813.308,10	122.065,70
Tocantins (TO)	Palmas	5.805.311,84	631.612,66

Tabela 1: limites de gastos nas campanhas de 2016 nas capitais dos Estados[20].

[20] Tais valores ainda seriam atualizados em 20/07/2016.

APÊNDICE 2
Datas e eventos do Calendário Eleitoral 2020

Com a promulgação em 02/07/2020 pelas Mesas da Câmara e do Senado da Emenda Constitucional 107 que adia as eleições de outubro para 15 de novembro (primeiro turno) e 29 de novembro (segundo turno) foram alterados diversos prazos do calendário eleitoral.

Algumas alterações bastante importantes e que afetam diretamente as campanhas, candidatos e partidos dizem respeito ao período de convenções partidárias para escolha de candidatos, data final para registro de candidaturas e início do período de campanha eleitoral.

Considerando que a mudança da data das eleições se deu por conta do período da pandemia de Covid-19, a própria Emenda Constitucional traz a possibilidade de que a data da votação seja ainda alterada, caso em algum município seja recomendada essa medida, devido ao nível elevado de presença ainda da Covid-19. Dessa forma, é possível que em algum Estado haja eleições municipais em dias diferentes dos dias 15 e 29 de novembro em algumas cidades.

No entanto, de acordo com a Emenda Constitucional 107, as eleições não poderão ultrapassar a data de 27 de dezembro, o que tem o claro objetivo de impeder a prorrogação dos atuais mandadatos de vereadores, prefeitos e vice-prefeitos, sendo que a data da posse permanece a de 1º de janeiro de 2021.

O § 2º do art. 1º da Emenda Constitucional 107 prevê que os prazos fixados na Lei nº 9.504/97 e na Lei nº 4.737/65 que não tenham transcorrido na data da publicação desta Emenda Constitucional e tenham como referência a data do pleito serão computados considerando-se a nova data das eleições de 2020 (15 de novembro).

Dessa forma, deverá ser publicada pelo TSE alteração da Resolução TSE nº 23.606/19, que estabeleceu o Calendário Eleitoral, com o objetivo de explicitar tais datas e outras relacionadas a procedimentos técnicos e administrativos, como por exemplo, as atividades ligadas à preparação de urnas eletrônicas.

É importante observar também que alguns prazos foram mantidos de forma expressa na Emenda Constitucional 107 no que se refere às desincompatibilizações, quando já tiverem vencido na data da publicação desta Emenda Constitucional.

Isso significa dizer que os pré-candidatos que exercem algum cargo cuja Lei Complementar nº 64 exija o afastamento nesse período já vencido, ainda considerando a data das eleições em 04/10/2020, deveriam ter-se afastado. Caso contrário, como o prazo foi mantido, poderá ter o seu registro de candidatura impugnado.

Portanto, é bastante recomendável que os leitores estejam atentos às possíveis alterações de datas, devido à exigência de situações específicas ou até mesmo gerais, que possam se refletir nas campanhas e nos procedimentos eleitorais.

Dessa forma, apresenta-se abaixo a tabela de datas e eventos do calendário eleitoral de 2020, como guia inicial, já com alterações promovidas pela Emenda Constitucional 107, entretanto, deve-se registrar que o TSE publicará em breve Resolução para garantir uma maior segurança aos envolvidos no processo eleitoral, sendo ainda possíveis algumas alterações.

Data	Evento
01/01/20	Data de início da obrigatoriedade de registrar as pesquisas de opinião.
05/03/20	Data a partir da qual, até 3 de abril de 2020, considera-se justa causa a mudança de partido pelos detentores do cargo de vereador.
03/04/20	Último dia em que se considera justa causa a mudança de partido pelos detentores do cargo de vereador.
04/04/20	Data até a qual os pretensos candidatos a cargo eletivo nas eleições de 2020 devem ter domicílio eleitoral na circunscrição na qual desejam concorrer e estar com a filiação deferida pelo partido.
07/04/20	Data a partir da qual, até a posse dos eleitos, é vedado aos agentes públicos fazer, na circunscrição do pleito, revisão geral da remuneração dos servidores públicos que exceda a recomposição da perda de seu poder aquisitivo ao longo do ano da eleição.
06/05/20	Último dia para o eleitor solicitar operações de alistamento, transferência e revisão.

15/05/20	Data a partir da qual é facultada aos pré-candidatos a arrecadação prévia de recursos na modalidade de financiamento coletivo (vaquinha virtual).
01/06/20	Data em que o Tribunal Superior. Eleitoral divulgará, na internet, o quantitativo de eleitores por município, para fins do cálculo do limite de gastos e do número de contratações diretas ou terceirizadas de pessoal.
01/06/20	Data-limite para que os partidos políticos comuniquem ao Tribunal Superior Eleitoral a renúncia ao Fundo Especial de Financiamento de Campanha.
16/06/20	Data na qual o Tribunal Superior Eleitoral divulgará o montante de recursos disponíveis no Fundo Especial de Financiamento de Campanha (FEFC).
30/06/20	Último dia para o envio da prestação de contas do partido relativa ao exercício de 2019.
31/08/20	Dia a partir do qual podem ser realizadas as convenções destinadas a deliberar sobre coligações e a escolher candidatos a prefeito, vice-prefeito e vereador, até 16/09/2020.
16/09/20	Último dia para a realização de convenções destinadas a deliberar sobre coligações e a escolher candidatos a prefeito, vice-prefeito e vereador.
26/09/20	Último dia para os partidos políticos e as coligações apresentarem à Justiça Eleitoral o requerimento de registro de seus candidatos.
27/09/20	Data a partir da qual será permitida a propaganda eleitoral, inclusive na internet.
12/11/20	Último dia para a divulgação da propaganda eleitoral gratuita no rádio e na televisão relativa ao primeiro turno.
13/11/20	Último dia para a divulgação paga, na imprensa escrita, de propaganda eleitoral e a reprodução, na internet, de jornal impresso.
14/11/20	Último dia para a propaganda eleitoral mediante alto-falantes ou amplificadores de som, entre as 8h e as 22h.
14/11/20	Último dia, até as 22h, para a distribuição de material gráfico, caminhada, carreata ou passeata.
15/11/20	**DIA DO PRIMEIRO TURNO DAS ELEIÇÕES**
29/11/20	**DIA DO SEGUNDO TURNO DAS ELEIÇÕES**
15/12/20	Último dia para encaminhamento à Justiça Eleitoral do conjunto das prestações de contas das campanhas dos candidatos.
18/12/20	Prazo final para a diplomação dos candidatos eleitos, salvo nos casos em que as eleições ainda não tiverem sido realizadas.
12/02/21	Prazo para a Justiça Eleitoral publicar o resultado dos julgamentos das contas dos candidatos eleitos.
01/03/21	Prazo final para partidos e coligações ajuizarem representação na Justiça Eleitoal para apurar irregularidades em gastos de campanha de candidatos.

Bibliografia

ACE PROJECT. **The electoral knowledge network**. Acessível em: http://aceproject.org/ace-en/topics/es/esa/esa01

ALMEIDA, Marco Rodrigo. **Advogado vai ao STF defender liberação de candidatura sem partido**. Folha de São Paulo, 04/10/2017. Acessível em: https://www1.folha.uol.com.br/poder/2017/10/1924068-advogado-vai-ao-stf-defender-liberacao-de-candidatura-sem-partido.shtml

AMARAL, Roberto; Cunha, Sérgio Sérvulo da. **Manual das Eleições**. São Paulo: Saraiva, 2006.

BINCOVSKI, Hallexandrey Marx. **A inelegibilidade para os militares**. Brasília: TSE. Estudos Eleitorais. Vol. 10, Nº 3 - setembro/dezembro de 2015.

BRASIL. **Constituição da República Federativa do Brasil de 1988**. Diário Oficial [da República Federativa do Brasil], Brasília, DF, 1988.

______. **Emenda Constitucional nº 107, de 2 de julho de 2020**. Adia, em razão da pandemia da Covid-19, as eleições municipais de outubro de 2020 e os prazos eleitorais respectivos.

______. **Lei Complementar nº 64, de 18 de maio de 1990**. Estabelece, de acordo com o art. 14, § 9º da Constituição Federal, casos de inelegibilidade, prazos de cessação, e determina outras providências.

______. **Lei nº 4.737, de 15 de julho de 1965**. Institui o Código Eleitoral. Diário Oficial [da República Federativa do

Brasil], Brasília, DF, 19 de julho de 1965. Retificado em 30 de julho de 1965.

_____. **Lei nº 6.880, de 9 de dezembro de 1980**. Dispõe sobre o Estatuto dos Militares. Diário Oficial [da República Federativa do Brasil], Brasília, DF, 11 de dezembro de 1980.

_____. **Lei nº 9.504, de 30 de setembro de 1997**. Estabelece normas para as eleições. Diário Oficial [da República Federativa do Brasil], Brasília, DF, 1º de outubro de 1997.

_____. **Lei nº 12.891, de 11 de dezembro de 2013**. Estabelece normas para as eleições. Diário Oficial [da República Federativa do Brasil], Brasília, DF, 12 de dezembro de 2013. Edição extra e retificado em 09 de janeiro de 2014.

_____. **Lei nº 13.165, de 29 de setembro de 2015**. Estabelece normas para as eleições. Diário Oficial [da República Federativa do Brasil], Brasília, DF, 29 de setembro de 2015 - Edição extra.

_____. **Lei nº 13.487, de 06 de outubro de 2017**. Estabelece normas para as eleições. Diário Oficial [da República Federativa do Brasil], Brasília, DF, 06 de outubro de 2017 - Edição extra.

_____. **Lei nº 13.488, de 06 de outubro de 2017**. Estabelece normas para as eleições. Diário Oficial [da República Federativa do Brasil], Brasília, DF, 06 de outubro de 2017 - Edição extra.

CÂNDIDO, Joel J. **Direito Eleitoral Brasileiro**. Bauru: Edipro, 9ª ed. rev., atual. e ampl., 2001.

CARAZZA, Bruno. **Dinheiro, Eleições e Poder: as engrenagens do sistema político brasileiro**. São Paulo:

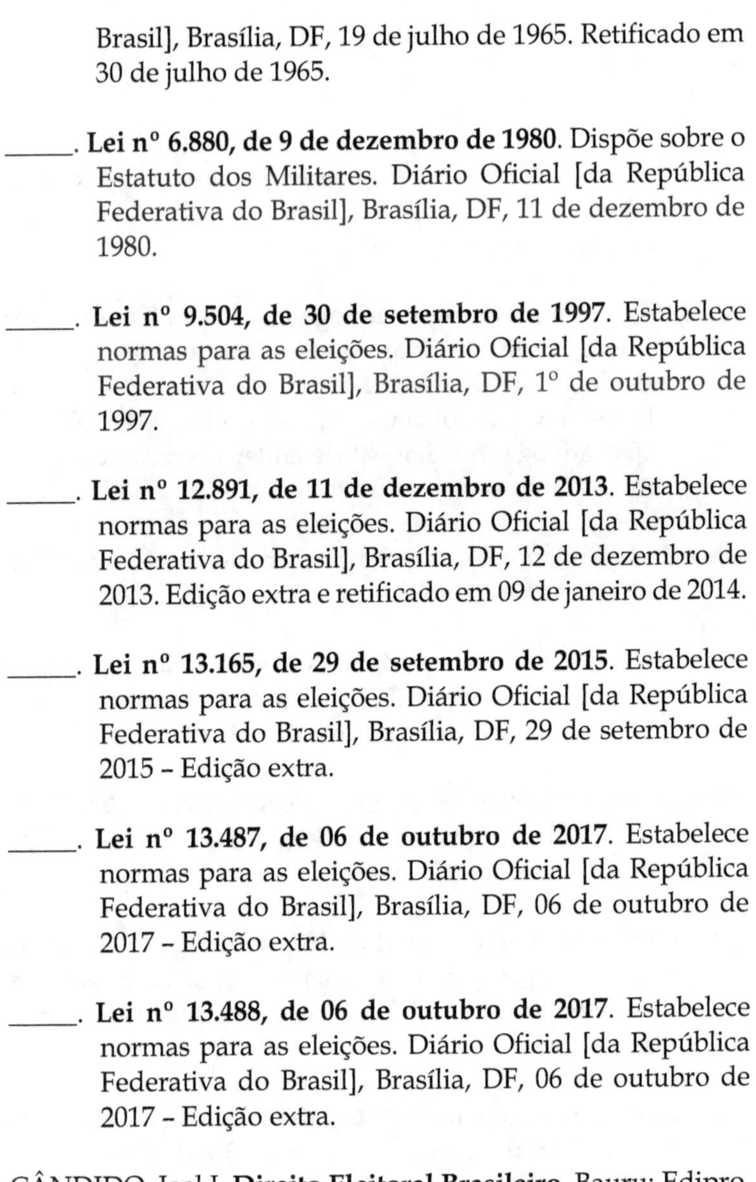

Companhia das Letras, 2018.

CERQUEIRA, Thales Tácito Pontes Luz de Pádua. **Preleções de Direito Eleitoral: Direito Material**. Rio de Janeiro: Lumen Juris, 2007.

CHIARI, Geovana; Sargentini, Vanice. **Da docilidade à agressividade: os insultos em campanha eleitoral**. *In*: Mutações do Discurso Político no Brasil: espetáculo, poder e tecnologia de comunicação. Série Estudos da Linguagem. Vanice Sargentini (org.), Campinas: Mercado de Letras, 1ª ed., 2017.

CNMP. **Resolução nº 05/2006**.

CONVENÇÃO AMERICANA SOBRE OS DIREITOS HUMANOS. Assinada na Conferência Especializada Interamericana sobre Direitos Humanos, San José, Costa Rica, em 22 de novembro de 1969. Acessível em: http://www.cidh.oas.org/basicos/portugues/c.convencao_americana.htm

EUA. **World Factbook**. Central Intelligence Agency - CIA, 2018.

MICHELS, Robert. **Os Partidos Políticos**. São Paulo: Editora Senzala, sd.

MORAES, Alexandre de. **Hipóteses de inelegibilidade do vice-chefe do Executivo.** Consultor Jurídico, 28/02/2014. Acessível em: https://www.conjur.com.br/2014-fev-28/justica-comentada-hipoteses-inelegibilidade-vice-chefe-executivo

MULLIGAN, Gabriella. **Has the time now come for internet voting?** BBC, 30/05/2017. Acessível em: bbc.com/News/business-39955468.

NIESS, Pedro Henrique Távora *et alii*. **Direito Eleitoral**. São Paulo: Edipro, 2016.

NUNES, Marcia Cavallari. **O Papel das Pesquisas**. *In*: Marketing Político e Persuasão Eleitoral. Rubens Figueiredo (org.), São Paulo: Fundação Konrad Adenauer, 2000.

PORTELA, Thiago Barreto. **Fidelidade Partidária: uma análise histórico-dogmática perante o ordenamento jurídico brasileiro e jurisprudência do STF.**

REVISTA SUFFRAGIUM. Tribunal Regional Eleitoral do Ceará, Fortaleza, v. 9, nº 15/16, jan./dez. 2017.

PRESTES, Fabiano Caetano *et alii*. **Direito Penal Militar - Parte Geral e Especial**. Salvador: Editora JusPodium, 4ª ed. revista e atualizada, 2018.

SEILER, Daniel-Louis. **Os Partidos Políticos**. Brasília: Editora Universidade de Brasília, 2000.

SIGNES, André Frossard. **A proibição da selfie na urna em busca da salvaguarda do voto secreto: exagero, formalismo ou necessidade?** Brasília: TSE. Estudos Eleitorais. Vol. 10, Nº 3 - setembro/dezembro de 2015.

TRE-RO. **Resolução nº 22/2016**. Consulta nº 34-95.2016.622.0000 - Classe 10 - Relator: Des. Walter Waltenberg Silva Junior. Desincompatibilização.

TSE. **Código Eleitoral Anotado - e legislação complementar**. 13ª ed., Brasília: 2018.

_____. **Resolução nº 296/1945**. Registro definitivo da sigla União Democrática Nacional (UDN).

_____. **Resolução nº 22.097/2005**. Processo Administrativo de

6.10.2005, rel. Min. Humberto Gomes de Barros. Exigibilidade do certificado de serviço militar.

_____. **Resolução nº 22.610/2007**. Disciplina o processo de perda de cargo eletivo, bem como de justificação de desfiliação partidária.

_____. **Resolução nº 22.747/2008**. Dispensa do serviço pelo dobro dos dias prestados à Justiça Eleitoral.

_____. **Resolução nº 23.444/2015**. Dispõe sobre a realização periódica do Teste Público de Segurança - TPS nos sistemas eleitorais que especifica.

_____. **Resolução nº 23.551/2017**. Dispõe sobre a propaganda eleitoral nas Eleições 2018.

_____. **Resolução nº 23.596/2019**. Dispõe sobre a filiação partidária, institui o Sistema de Filiação Partidária (FILIA), disciplina o encaminhamento de dados pelos partidos políticos à Justiça Eleitoral e dá outras providências.

_____. **Resolução nº 23.600/2019**. Dispõe sobre pesquisas eleitorais.

_____. **Resolução nº 23.601/2019**. Dispõe sobre o cronograma operacional do cadastro eleitoral para as Eleições 2020 e dá outras providências.

_____. **Resolução nº 23.602/2019**. Dispõe sobre os modelos de lacres para urnas e envelopes de segurança e sobre seu uso nas Eleições 2020.

_____. **Resolução nº 23.603/2019**. Dispõe sobre os procedimentos de fiscalização e auditoria do sistema eletrônico de votação.

_____. **Resolução nº 23.605/2019**. Estabelece diretrizes gerais para a gestão e distribuição dos recursos do Fundo Especial de Financiamento de Campanha (FEFC).

_____. **Resolução nº 23.606/2019**. Calendário Eleitoral.

_____. **Resolução nº 23.607/2019**. Dispõe sobre a arrecadação e os gastos de recursos por partidos políticos e candidatos e sobre a prestação de contas nas eleições.

_____. **Resolução nº 23.608/2019**. Dispõe sobre representações, reclamações e pedidos de direito de resposta previstos na Lei nº 9.504/1997 para as eleições.

_____. **Resolução nº 23.609/2019**. Dispõe sobre a escolha e o registro de candidatos para as eleições.

_____. **Resolução nº 23.610/2019**. Dispõe sobre propaganda eleitoral, utilização e geração do horário gratuito e condutas ilícitas em campanha eleitoral nas eleições.

_____. **Resolução nº 23.611/2019**. Dispõe sobre os atos gerais do processo eleitoral para as Eleições 2020.

_____. **Sistema eletrônico de votação: perguntas mais frequentes**. Brasília: Tribunal Superior Eleitoral, 3ª ed., 2018.

SANTOS, Jurene Barreto. **A Propaganda Eleitoral Gratuita de Rádio e Televisão e Suas Peculiaridades**. Monografia para conclusão de curso de Especialização em Direito Eleitoral. Aracaju: LFG, 2008.

TENÓRIO, Rodrigo. **Direito Eleitoral**. São Paulo: Editora Método, 2014.

VASCONCELOS, Clever; Silva, Marco Antonio da. **Direito Eleitoral**. São Paulo: Saraiva Educação, 2018.

Sobre o autor

Marcelo Gerard é especialista em Direito Eleitoral (UGF) e instrutor oficial da Justiça Eleitoral. Tem larga experiência no planejamento e execução de eleições, tendo participado de diversos grupos de trabalho no Tribunal Superior Eleitoral, inclusive para construção das normas de eleição. Já chefiou cartórios eleitorais em Salvador, Itabaiana e Aracaju, além de coordenar por vários pleitos o programa de eleições do Tribunal Regional Eleitoral de Sergipe (TRE-SE), que foi laureado com a maior premiação do Conselho Nacional de Justiça em 2019, o Selo Diamante. Ministra dezenas de palestras e cursos sobre eleições todos os anos e tem assessorado diversos presidentes do TRE-SE no planejamento, controle e execução de eleições. Possui também bacharelado em Direito (UNIT) e em Administração (UFBA) e pós-graduação em Redes de Computadores (FRB), em Gestão de Crises (UFF) e em Língua Latina e Filologia Românica (UCAM). Atua como analista judiciário e professor do ensino superior na área jurídica.

www.ingramcontent.com/pod-product-compliance
Lightning Source LLC
LaVergne TN
LVHW010101170826
845678LV00012B/2205

* 9 7 8 6 5 0 0 0 2 8 9 1 1 *